KB134592

부의 지도를 바꾼

돈의 세계사

부의 지도를 바꾼
돈의 세계사

미야자키 마사카츠 지음 | 서수지 옮김

탐나는책

제1장

세계 문명과 각양각색의 돈

5,000년 전에 4대 문명이 탄생하면서 각각의 문명에서는 다양한 돈을 사용하게 되었다. 지금 기준에서 보면 어느 문명에서나 돈은 교환의 잣대라는 소박한 기능만 담당했다. 돈도 문화의 한 부분으로서 시대와 더불어 모습을 바꾸어온 것이다.

돈은 가치를 측정하는 잣대, 교환의 매개로 사회에 모습을 나타냈다. 즉 돈은 사회를 원활하게 움직이는 '혈액'으로서의 기능을 담당했으며, 그 기능은 아주 단순했다. 처음에는 곡물, 가축 등 다양한 상품이 돈의 기능을 나누어 맡다가, 마침내 특별한 소재만이 살아남게 되었다.

5,000년 전에 4대 문명이 탄생하면서 각각의 문명에서는 다양한 돈을 사용하게 되었다. 지금 기준에서 보면 어느 문명에서나 돈은 교환의 잣대라는 소박한 기능만 담당했다. 돈도 문화의 한 부분으로서 시대와 더불어 모습을 바꾸어온 것이다.

각 문명은 서로 이질적이라 '문명의 혈액' 역할을 하는 돈의 모습도, 돈에 대한 사고방식도 제각기 달랐다. 세계사에 등장하는 돈을 크게 나누면, 귀금속이 재료인 금화와 은화처럼 재질 자체가 가치를 지니는 돈과, 동전이나 지폐처럼 재료 자체에는 별다른 값어치가 없는 돈으로 구분할 수 있다.

고대의 돈을 전체적으로 살펴보자. 이집트 문명에서는 금을 재료로 돈을 만들었다. 원래 이집트에서는 주로 나일강 상류의 누비아 지방(오늘날의 수단 북동부 ─ 옮긴이)에서 산출되는 금을 귀중하게 여겨 태양신 '라'와 그의 아들인 파라오(왕)의 불멸성을 상징하는 재료로 사용했었다. 나일강 유역을 통일한 이집트에서는 거대한 현물 경제가 장기간 이어져 돈의 출현이 더뎠다. 그러다 차츰 교역이 이루어지며 종교적 성격을 띠던 금을 돈의 재료로 사용하게 된 것이다.

메소포타미아 문명에서는 주변 이민족의 침입이 극심해 예부터 좋든 싫든 교역이 활발하게 이루어졌다. 이란 고원에서 산출되는 은괴(silver bullion, 가공하지 않은 은 ─ 옮긴이)가 돈의 역할을 담당했다. 또 인도 문명에서는 인더스강 유역을 지배했던 아케메네스(페르시아) 제국의 동전이 큰 영향을 미쳤다.

중국 문명에서는 초기에는 조개껍데기 등을 돈으로 사용하다가, 진의 시황제가 천하를 통일하며 신의 대리인으로 군림하게 되면서 저렴한 금속인 동에 가치를 부여해 만든 반량전(半兩錢)이란 돈으로 통일되었다. 반량전은 돈 자체가 아니라 황제의 권위가 가치를 결정한 것이다.

저렴하고 풍부한 재료를 사용해 돈을 만드는 중국의 문화는 돈을 대량 제조할 수 있다는 이점이 있었지만, 가짜 돈을 만들면 막대한 이익을 얻을 수 있었기에 가짜 돈 문화와 병존하게 되었다.

이윽고 세계 각지에서 상업과 원거리 무역이 발전함에 따라 운송이 편리한 환어음, 수표, 지폐가 등장한다. 환금이 보증되는 환어음과 수표도, 돈의 기능을 맡는 종이(지폐)도 모두 변형된 돈이었다.

7세기부터 14세기는 이슬람교도가 이끄는 아랍 유목민, 터키인, 몽골인 등의 중앙아시아 유목민이 유라시아 통일을 이끌었다. 이 시대는 유라시아 전역을 아우르는 교역이 활발히 이루어져 환어음과 수표, 지폐가 보급되었다.

아바스 제국 시대에는 인구 15만 명이던 바그다드를 중심으로 지중해, 바닷길, 실크로드, 초원길이 하나로 연결되어 이란의 호라산 지방의 은, 사하라 사막 이남 서수단의 금이 은화와 금화로 광범위한 지역에서 유통되었다.

그러나 경제 규모가 급속히 팽창함에 따라 은 부족 사태가 심각해졌고, 상인들이 장거리를 안전하게 이동하려면 돈의 무게를 줄일 필요가 있었기에 환어음이나 수표를 활발하게 사용하게 되었다. 예를 들자면 바그다드에서 발행한 환어음을 몽골에서 현금으로 바꾸는 식이었다.

아라비아 숫자와 복식 부기의 기원은 이슬람 세계다. 리스크(risk), 수표(check) 등의 용어가 아라비아어에서 비롯되었듯, 이슬람 세계의 금융 구조는 14~15세기 르네상스 시기 이탈리아 상인에게까지 전해졌다. 유럽에서 은행(bank)이라는 단어의 기원은 이탈리아어의 'banco'로, 시장에서 상인이 환전할 때 사용하던 '책상'이 어원이다.

중국에서는 당나라 시대에 원거리 무역 상인이 '비전(飛錢)'이라는 외환 제도를 사용했다. 그러다 송나라 시대에 이르러 일본과 동남아시아에서 송의 동전을 쓰게 되어 은 부족 사태가 심각해지면서 세계 최초의 지폐(교자, 交子)가 탄생했다. 몽골인이 세운 원 제국은 동전 대신 교초(交鈔)라는 지폐로 돈을 통일하여 전국에 유통시켰다. 중국 사회를 지배했던 몽골인은 필요할 때마다 뚝딱 찍어낼 수 있는 지폐를 소중히 여겼다.

귀금속으로 만든 돈, 권위가 낳은 돈

문명이 원했던 편리한 돈

문명은 지금으로부터 5,000년 전 유라시아 대건조 지대에서 탄생했다. 큰 강 유역에 자리한 문명은 농산물이 풍부했으나 문명 유지에 필요한 모든 물자를 자급자족할 수는 없었다. 금속 도구를 만들 광석, 신전과 궁전 건설에 필요한 목재, 지배자의 지위를 보여주기 위한 희귀 암석과 다양한 사치품, 조명용 기름, 갖가지 식자재 등이 부족했다.

문명이 성립되려면 교역이 반드시 필요했다. 교역에 의지하지 않으면 도시 생활을 유지할 수 없었기 때문이다. 상품과 상품의 교환(교역)은 문명의 필수 조건으로 자리매김했다.

최초의 교환은 비정기적으로 이루어졌고, 범위와 규모 모두 작았다. 차츰 정기적인 대규모 교환이 발생하면서 교환의 기준이 될, 어디서든 환영받을 상품이 필요해졌다. 돈이 모습을 드러낸 것이다.

18세기 영국의 경제학자 애덤 스미스는 돈은 교환의 기준이 될 뿐 실질 경제에는 영향을 끼치지 않는다는 '화폐 베일관(veil of money concept)'을 주장했다.

① 누구나 가치를 인정한다.

② 다양한 상품과 교환할 수 있다.

③ 변질되지 않는다.

④ 분할이 가능하다.

애덤 스미스는 이 네 가지 특징을 돈의 조건으로 꼽았다. 그는 이 모든 조건을 충족하면 돈의 재료는 무엇이든 상관없다고 주장했다.

돈이 사회에서 광범위하게 사용되기 시작하면서 돈을 만들던 다양한 재료 중 상당수가 도태되고 금과 은 등으로 압축되었다. 돈은 어디까지나 상품과 상품을 교환할 때만 존재에 의의가 있으나, 이윽고 다양한 상품과 교환이 가능한 돈을 부를 축

애덤 스미스(Adam Smith, 1723 ~1790)

적하는 수단으로 활용하게 되었다. 부유층에게 있어 필요할 때마다 상품과 교환할 수 있는 돈은 매우 편리한 존재였다.

이집트의 금, 메소포타미아의 은

고대 이집트에서는 파라오(왕)의 영원한 생명과 불멸성을 보여주는 금속으로 금을 신성하게 여겼다. 그러나 금을 처음부터 돈의 재료로 사용한 것은 아니다. 고대 이집트에서는 오랫동안 물물교환이 이루어졌고, 대규모 현물 경제가 '문명의 동맥' 기능을 담당했던 나일강을 매개로 유지되었다. 나일강이 대량으로 운송되는 현물 경제를 뒷받침한 것이다.

이집트의 금은 크게 나일강의 사금과 누비아 지방의 금으로 나눌 수 있는데, 금 산출량 자체가 상당했다. 기원전 4000년부터 기원 전후까지 세계 금의 90%가 이집트에서 산출되었다고 추정된다. 이 시기 산출량은 약 6,700톤 정도로 추정되며, 요즘 기준으로 아주 많은 양은 아니다. 남부 누비아에서 채굴된 금의 연간 산출량은 약 1톤으로 추정된다. 현재 남아프리카 금의 연간 산출량인 약 500톤과 비교하면 아주 적은 양이지만, 당시 기준으로는 세계 최고 수준이었다. 참고로 누비아는 고대 이집트어 'Nub'에서 온 말로 '금'이라는 의미다.

이집트에서 태양신 '라'는 금 송아지 모습으로 나타나며, 두 척의 금으로 만든 배를 갈아타고 낮과 밤의 하늘을 가로지른다고 여겨졌다. 이집트인들은 '라'의 아들인 파라오의 육체가 금으로 만들어졌다고 믿었다. 그래서 나일강 유역을 최초로 통일한 메네스 왕 이후, 왕은 자신의 이름을 새긴 금 막대기를 주조해 소중하게 관리했고, 왕릉은 금으로 채워졌다.

1922년에 도굴되지 않은 온전한 상태로 발견된 투탕카멘 왕의 묘는 왕가의 계곡에서 아주 작은 묘였지만, 미라를 덮은 황금 마스크로 세계적으로 유명해졌다. 파라오의 미라는 총 110킬로그램의 금제품과 함께 매장되어 세계인을 놀라게 했다.

메소포타미아와 활발하게 교역했던 신왕국 시대에 이르면서, 메소포타미아의 은괴와 함께 금괴를 교역의 수단으로 사용하게 되었다.

자율성을 지닌 민족 간의 교류가 융성했던 메소포타미아의 도시에서는 신전에서 이자를 받고 돈을 빌려주는, 요즘으로 치면 '사채업'을 할 정도로 예부터 교역이 발달했다. 도시 국가 우루크(Uruk)에 있는 붉은 신전에서는 신의 소유물이었음을 보여주는 인장과 부기 장부 역할을 하던 점토판이 발굴되었다. 곡물과 대추야자에 매겨진 이자는 해마다 3분의 1, 금속에는 20%의 이자가 책정되었다.

바야흐로 메소포타미아에서는 이란 고원과 소아시아에서 온 은괴를 일반적인 돈으로 사용하게 되었다. 함무라비 법전 제89조를 보면 은을 빌려주었을 때의 최대 이자를 20%로 정해놓아, 은괴가 교환의 기준일 뿐 아니라, 이자를 받는 목적으로도 사용되었음을 알 수 있다. 법전은 돈을 갚을 사람에게 은이 없을 때는 은과 곡물의 교환 비율에 근거해 이자를 덧붙여 곡물로 갚을 수 있다고 규정해두었다.

함무라비 법전에서는 보리를 빌렸을 때의 이자를 1년에 33%로 정했고, 노예의 가치도 은의 중량 단위인 세겔(shekel)로 표시했다. 또 99조에서 107조에 따르면 왕에게 특권을 부여받은 상인 관리가 대리인이 되어 은을 빌려주는 방식으로 장사를 할 수 있도록 했다는 기록도 있다.

금은 태양, 은은 달을 기준으로 교환 비율을 조절했다

기원전 1500년 무렵 중앙아시아에서 유목민이 침입한 이후, 말을 매는 병거(兵車, chariot, 전쟁용 수레)가 보급되며 메소포타미아, 시리아, 이집트의 경제 교류가 활발해졌다. 이집트와 메소포타미아의 여러 상품을 일상적으로 교환하게 되었는데, 거래에 쓰는 금과 은을 어느 정도의 비율로 교환해야 할지가 문제가 되었다. 다른 가치관을 가진 문명이 충돌하면서 금과 은의 교환 기준이 좀처럼 정해지지 않은 것이다.

함무라비 대왕 시대의 금과 은의 교환 비율은 대략 1:6이었는데, 금괴 유통량이 한정되어 있고 산출지가 멀리 떨어져 있어 교환 장소가 제한적이다 보니, 교환 비율이 상당히 불안정했다. 이질적인 귀금속의 가치를 하나의 기준으로 정하기 어려웠던 것이다.

바빌로니아 신관은 금을 태양, 은을 달에 비유해 편의상 교환 비율을 정했다. 태양년 한 해 동안 13.5번의 달의 위상 변화가 나타나, 금을 은 13.5와 교환하는 비율이 타당하다고 여겨졌다. 오늘날의 관점으로는 황당무계한 기준이나, 당시에는 설득력이 있다고 받아들여져 메소포타미아의 금·은 교환 비율은 1:13.5가 기준이 되었다.

종교적인 직감이 생활을 지배하던 시대의 기준이다. 어쨌든 기준이 정해지면서 서로 다른 문명이 금을 원활하게 교환할 수 있게 되었다. 안정된 시장을 조성하려면 동일 기준의 금이 필요했다.

지중해 세계에 퍼진
주화

세계 최초의 주화는 오늘날 터키에서 등장했다

고대 오리엔트를 최초로 통일한 아시리아 제국이 기원전 612년에 멸망하고 페르시아인이 세운 아케메네스 제국이 기원전 525년에 재통일을 이룩하기까지, 약 90년 동안이 신바빌로니아, 이집트, 리디아, 메디아의 4국 분립 시대다. 4국 중에서도 교역 면에서 번영한 나라가 리디아였다.

그리스의 역사가 헤로도토스에 따르면, 기원전 7세기에 소아시아의 리디아 왕이 세계 최초로 주화를 만들었다고 한다. 소아시아 내륙의 대부분을 지배하던 리디아는 메소포타미아와 시리아, 에게해를 연결하는 교역의 요충지였다.

참고로 리디아인은 타고난 상업 민족으로 사막에서 모래를 팔 수 있을 정도로 장사 수완이 좋았다고 한다. 헤로도토스의 『역사』는 리디아인을 이렇게 평가했다.

"리디아의 젊은 여성은 모두 몸을 판다. 그녀들은 매춘으로 결혼 지참금을 마련한다. 그렇게 얻은 금은 자신의 몸값을 포함해 적당한 값을 받고 처분한다. 리디아인의 풍속과 습관은 젊은 여성의 매춘을 제외하면 그리스인과 본질은 다르지 않다. 리디아인은 금과 은을 화폐로 주조해 소매 거래에 사용했다고 역사에 기록된 최초의 사람들이다."

리디아의 수도 사르디스(Sardis)에서는 팍톨로스강(Pactolus)에서 채취한, 사금과 은이 약 2:1의 비율로 섞인 엘렉트럼(Electrum, 호박색을 띠어 호박금이라고도 불렀다)이라는 자연 합금이 풍부하게 산출되었다. 처음에는 콩알처럼 생긴 엘렉트럼을 돈으로 사용했는데 무게가 제각각이라 몹시 불편했다.

메름나드(Mermnad) 왕조의 제2대 왕 아르디스(Ardys)는 왕조의 문장인 사자머리 등이 새겨진 균질 주화를 발행했다. 엘렉트럼 주화가 탄생한 것이다. 엘렉트럼 주화는 금속을 모양 틀로 눌러 오목하고 볼록한 모양을 만드는 방식으로 제작한 타각(打刻) 화폐라 모양이 들쭉날쭉했지만, 주화의 무게와 순도는 정확했다.

원래는 동 재질로 만드는 동그란 주화를 일컫는 말인 동전(coin)은 왕이 무게와 순도를 보증했기에 거래할 때 개수를 세기만 하면 그만이라 매우 편리했다. 그때까지는 거래에 '시금석'이라 부르는, 검은

색에 조직이 치밀한 현무암에 귀금속을 문질러 만들어진 자국의 색을 표본과 비교해 금, 은의 순도를 측정해야 했다. 현재도 사람의 역량이나 상품의 가치를 판정하는 기준이 되는 기회나 사물을 비유적으로 시금석이라 부르는데, 본래 귀금속의 순도를 측정할 때 사용하는 단단한 암석을 가리키는 말이었다.

물론 모든 연구자가 주화를 처음 만든 나라가 리디아라는 주장에 동의하는 건 아니다. 아시리아 기원설을 지지하는 학자도 있다.

리디아는 키루스(Cyrus) 왕이 이끄는 페르시아군에 멸망당하나, 주화는 꿋꿋이 살아남아 오히려 페르시아를 정복했다. 주화는 페르시아 왕의 손에 들려 인더스강에서 이집트에 이르는 광대한 영역으로 퍼져 나갔다.

다레이코스

아케메네스 제국의 기초를 확립한 다레이오스 1세(Dareios Ⅰ = 다리우스 1세)는 은화에 자신의 초상을 새겨 '다레이코스(dareicos)'라고 이름 붙였다. 제국에서는 세금을 은으로 징수하게 된다. 헤로도토스에 따르면 세금으로 국고에 모인 돈은 일 년에 약 36만 7,000킬로그램(금은 은의 13배로 환산)에 달했고 주화 주조에 사용했다.

막대한 양의 은화는 거대한 도로망과 함께 제국의 광활한 영역을 경제적으로 통합하는 역할을 했다. 동시에 왕의 초상을 새긴 주화는 페르시아 왕의 권위를 넓은 지역에 알리는 첨병 역할을 맡았다. 무력으로 획득한 권력이 주화의 형태로 사람들의 생활에 깊숙이 스며들었다.

권위를 디자인한 주화

그리스에서 주화는 '노미스마(νόμισμα)'라고 불렸다. 노미스마란 인위적(노모스, νόμος)으로 만들어진 물건을 의미한다. 주화는 인간이 만든 편리한 도구라는 인식이 바탕에 깔려 있다. 그리스 세계는 리디아인이 발명한 무게와 순도가 균일한 주화를 계승했는데, 풍부한 은광을 보유하고 있었기에 은화를 주요 '통화'로 사용하고, 금은 주로 장식용으로만 사용했다.

그리스의 여러 폴리스는 주화의 품질과 가치를 보증하여 폴리스의 권위를 보여주고 위조품을 방지하기 위해 주화 표면에 신상과 신화에서 따온 문양을 새겼다. 예를 들어 아테네의 4드라크마 은화에는 투구를 쓴 아테네 여신의 머리와 성스러운 새인 올빼미를 앞뒤로 새겼다.

은을 유통하는 상인은 이런저런 담보를 걸고 주화 대부업을 벌였는데, 때로 돈을 빌려줄 때 보증인을 요구하기도 했다. 적재 화물을 분실할 위험이 많은 상선에는 특히 높은 이자를 매겨 30%에 달하는 이자를 물리기도 했다. 원거리 무역에는 일종의 환어음도 사용했다.

페르시아 전쟁 최고의 격전으로 꼽히는 살라미스 해전에서 페르시아의 대군을 무찌르고 델로스 동맹을 결성해 폴리스 세계 최고의 수장으로 올라선 아테네는 지도자인 페리클레스가 델로스 동맹의 자금을 유통해 번영기를 일구어냈다. 페리클레스는 페르시아군이 불 태운 목조 신전 대신 아크로폴리스 언덕에 대리석 재질의 파르테논 신전을 재건해 아테네의 상징으로 삼았다.

조각가인 페이디아스는 아테네의 수호신인 '아테나 파르테노스 (Ἀθηνᾶ Παρθένος, 처녀 아테나)'에게 금으로 만든 옷을 입혔다. 금이 사물에 신성을 부여한다는 이집트인의 사상을 계승했다고 볼 수 있다.

페리클레스는 그리스 세계가 둘로 나뉘어 싸운 펠로폰네소스 전 쟁 전야에 "아테네에는 동맹들의 연간 수입의 20년 치에 달하는 주 화가 비축되어 있고, 만약의 사태가 닥치면 아테네 여신을 장식한 금 을 쓸 수도 있다"고 연설했다. 실제로 스파르타와의 펠로폰네소스 전 쟁이 시작되자 아테네의 모든 주화가 소진되었다. 가진 돈을 모두 쏟 아부은 아테네인은 결국 아테네 여신상에서 금을 벗겨 군자금으로 쓸 수밖에 없었다. 일련의 사건으로 그리스에서는 금을 화폐와 같이 취급한 것을 알 수 있다.

펠로폰네소스 전쟁으로 분열된 폴리스 세계는 내부에서부터 서서 히 무너져 내렸고, 북방의 신흥 세력인 마케도니아가 그리스 반도를 정복한다. 스물세 살에 마케도니아 왕이 된 필리포스 2세는 불멸성을 상징하는 금으로 금화를 만들어 왕의 권위를 보여주는 데 활용했다.

필리포스 2세를 이어 마케도니아 왕위에 오른 알렉산드로스 대 왕(기원전 356~기원전 323년)은 페르시아 제국을 순조롭게 정벌하고 인

알렉산드로스 대왕(기원전 356~기원전 323년)

도로 동방 원정에 나섰다. 동방 원정에 나서며 알렉산드로스 대왕은
자신의 초상을 새긴 스타테르(stater) 금화를 대량으로 주조해 광대한
제국에 유통한다. 왕으로서 자신의 모습을 인지시키기 위해서였다.

　알렉산드로스 대왕 이후 주화 표면에 왕의 얼굴을 새기는 관습이
자리 잡았다. 왕의 모습은 신을 본떠 만들어졌다. 헬레니즘 시대에는
이러한 돈이 과거 페르시아 제국과 그리스 세계로 퍼져 나갔다.

　왕이 신성을 상실하면 주화도 회수되어 녹여져 다시 주조되었다.

로마 제국 시대의 역사가이자 정치가인 수에토니우스(Gaius Suetonius Tranquillus)에 따르면, 기독교 신자를 탄압한 로마 제국의 폭군 칼리굴라가 죽고 나서 폭군의 모습을 잊으려고 주화를 모조리 회수해 녹였다고 한다.

머니와 파운드의 기원

로마에서는 처음에는 청동 주괴 자체를 돈으로 사용했는데 차츰 '아스(as)'라고 부르던 청동 주화를 사용하게 된다. 그리스 주화를 모방한 셈이다.

이윽고 무역이 활발해지며 솔리두스(solidus) 금화, 데나리우스(Denarius) 은화가 등장한다. 은화인 데나리우스는 기원전 3세기 무렵부터 주조되어 아스의 10배 가치가 매겨졌다. 데나리우스 한 닢은 포도밭에서 일하는 노동자 하루 급료와 맞먹는 가치가 있었다.

로마는 기원전 4세기에 카피톨리움(Capitólium) 언덕에 조성된, '모네타(Moneta)'라 부르는 여신 주노(그리스 신화에서는 헤라)의 신전에서 주화를 주조했다. 모네타는 영어의 머니(money, 돈), 민트(mint, 화폐 주조소, 조폐국)의 어원이 되었다.

영국의 화폐 단위인 파운드는 로마에서 보석과 귀금속 무게를 재는 단위인 리브라(libra)에서 비롯되었다. 참고로 리브라(Libra)는 로마 여신의 소유물을 가리키는 명사이기도 하다. 그래서 파운드는 리브라의 L을 따서 '£'로 표기한다.

로마의 여신 주노는 바람기 많은 남편인 주피터(그리스 신화에서는 제우스) 때문에 속앓이했고, 남편이 만든 수많은 자식을 구박했다. 그래서 모네타는 '경고하는 여자'라는 의미를 지니게 되었다. '머니'라는 말은 원래 교환의 매개가 되는 돈을 욕망을 채우는 수단으로 낭비하고 마는 인간에게 경고하기 위해 만들어지지 않았을까.

정부가 주도하는 재정·금융 정책의 유효성을 주장한 케인스 학파를 비판하고 시장 메커니즘에 따른 금융 신뢰를 전제로 삼아 화폐를 공급하는 정책을 주장했던 프리드먼 등의 주장을 '통화주의(monetarism)'라 부른다. 프리드먼 학파의 주장에 따라 미국의 레이건 대통령, 영국의 대처 총리 등이 펼친 신자유주의 경제정책이 100년에 한 번 발생할 만한 금융 위기를 불러왔다는 현실을 보면 모네타의 경고를 가슴 깊이 새겨야 한다는 깨달음을 얻을 수 있다.

주화 재주조로 연명했던 로마

로마는 정복한 지중해 주변 속주(식민지)에서 배부르게 먹을 수 있는 식량을 확보했고, 동시에 돈의 재료가 되는 금과 은을 전리품으로 대량으로 거두어들였다. 그러자 속주에서는 돈을 만들 금과 은이 씨가 말라 로마가 주조한 동전을 사용할 수밖에 없었다. 로마는 이런 방식으로 화폐 통일을 진행했다.

이후 로마에서는 돈 자체를 정부의 재원 확보에 적극적으로 이용하였는데, 포에니 전쟁으로 텅 빈 국고를 충당하기 위해 돈을 찍어내는 재주조 사업이 대표적이다. 조악한 품질의 돈을 주화로 다시 찍어내며 정부가 재원 확보에 힘을 쏟은 것이다. 로마 제국의 돈은 재주조로 인한 주화의 질 저하의 역사로 볼 수 있을 정도다.

로마는 주화를 작게 만들었을 뿐 아니라 재주조를 반복해 동 비율을 차츰 높였기에 마지막에는 동 본위제와 같은 상태가 되고 말았다. 가령 카이사르(기원전 100~기원전 44년)가 군단의 병사에게 지급한 연봉은 225데나리우스였는데, 대형 목욕탕 건설로 잘 알려진 칼리굴라 황제가 병사에게 지급한 연봉은 900데나리우스에 달했다. 그만큼 돈의 가치가 떨어졌다는 뜻이다.

아우렐리우스 황제 시대에 들어서면 본래 은화였던 데나리우스 은화의 동 비율이 무려 95%에 달해 실질적으로는 동화나 다름없게 되었다. 은 비율은 최악의 경우 2%까지 떨어졌다. 주화의 질 변화로 사회의 성쇠를 읽을 수 있는 것이다.

돈의 가치가 요동치자 로마에서는 관료와 군인에게 생활필수품인 소금을 살 수당을 따로 지급했다. 그 수당을 라틴어로 살라리움(salarium)이라 불렀다. 이 단어에서 우리에게도 익숙한, 급여를 뜻하는 영어 '샐러리(salary)'와 급여 생활자를 의미하는 일본식 영어 '샐러리맨(salaryman)'이 탄생하게 된다(영어권에서는 샐러리맨 대신 'office worker' 등의 단어를 주로 사용한다 — 옮긴이).

이자는 죄악이라는 통념

돈은 주로 지불 수단으로 이용되었다. 물론 부를 축적하는 수단으로 기능하기도 했는데, 돈의 기능은 지극히 단순했다. 메소포타미아의 신전에서는 예부터 은을 빌려주었는데, 이자를 얻기 위해 돈을 이용하는 행위는 제한된 범위에서만 허용되었다. 자급자족을 원칙으로 하는 농업 사회에서는 생산 활동이 경제의 중심이었고, 돈은 한정적 범위에서만 사용되었다.

돈이 돈을 낳고 이자를 버는 게 정당하다는 생각은 비교적 새로운 시대에 시민권을 얻은 사람들의 사고방식이다. 시대와 더불어 돈의 역할은 증대되었고 돈이면 무엇이든 할 수 있다는 사고방식이 오늘날에 이르렀다.

예컨대 고대 그리스를 대표하는 철학자 아리스토텔레스는 돈을 단순한 물건으로 간주했다. 그는 모름지기 돈은 교환의 매개로만 사용되어야 하며, 이자를 받는 행위는 돈의 용도가 아니라고 말했다. 파는 사람과 사는 사람이 자유로운 선택과 합의에 기반을 두고 상거래를 할 때 그 상거래는 상품으로서의 돈을 빌려주고 빌리는 행위이며, 타인에게 손해를 입히면서까지 얻는 부당한 이익은 배제되어야 마땅하다고 주장했다.

이자에 대한 이러한 사고방식은 기독교와 이슬람교에서도 마찬가지로 찾아볼 수 있다. 『쿠란(qur'ān)』 제2장 '암소'는 "알라께서 장사는 허락하셨으되 고리대금은 금지하셨노라"라고 기술하고 있다. 요컨대

상거래와 상도덕을 중시하고 고리대금은 금지하는 율법이다. 이슬람 도시의 시장(수크, 바자르)에서는 무흐타시브(muhtasib)라 부르던 시장 감독관이 주화가 위조인지 아닌지를 이슬람 율법에 근거해 엄격하게 조사하고 상인이 이자를 받는지를 확인했다.

중세 유럽을 대표하는 스콜라철학의 대부 토마스 아퀴나스도『신학대전』이라는 저서에서 빌려서 사용하는 돈과 돌려주는 돈은 같지 않다고 말한다. 돈을 빌려주고 돌려주는 행위는 돈의 교환으로 빌려준 돈과 같은 액수를 돌려주면 그만이지 이자를 낼 필요는 없다고 주장했다.

중세 유럽 교회도 '돈으로 돈을 낳는 행위'를 죄로 간주했다. 셰익스피어의『베니스의 상인』에 등장하는 샤일록처럼 대부업자는 냉혹하고 무정하다는 인식이 일반에 널리 퍼져 있었다. 기본적으로 농업 사회였던 일본에서도 돈을 부정한 대상으로 바라보는 시각이 뿌리 깊었다.

이슬람이나 기독교 세계에서 금융업은 담보를 받고 돈을 빌려주는 전문가인 유대인이 맡는 경우가 많았다. 로마 제국이 유대인을 팔레스타인 땅에서 쫓아내자 제국 내의 여러 도시로 이주할 수밖에 없었던 유대인(이산, 離散, 디아스포라라고 부른다)은 땅을 얻지 못하고 상업과 금융으로 생계를 꾸려나갈 수밖에 없었기 때문이다.

3

황제의 권위가 가치를 부여한
중국의 동전

중국 주화의 특이성

세계사를 큰 틀에서 훑어보면 돈도 문명의 한 부분이라는 사실을 깨닫게 된다. 각각의 문명에 각기 다른 돈에 대한 사고방식이 존재한다. 돈을 되도록 접촉하고 싶지 않은 불경한 대상으로 간주하는 문명도 있고, 돈을 숭배하는 배금주의 문명도 있다.

돈이 널리 사용되는 과정에서 서아시아 세계, 지중해 세계, 인도, 중국은 모두 주화를 유통하게 되었다. 주화의 모양과 디자인은 각 문명에 따라 달랐고 주화에 대한 사고방식도 문명마다 각양각색이었다.

주화는 크게 두 가지 종류, 즉 소아시아에서 탄생한 '각인 화폐'와 중국에서 탄생한 '주조 화폐'로 나눌 수 있다. 각인 화폐는 금 혹은 은이라는 귀금속의 가치를 보증하는 각인을 지배자가 새긴 돈으로,

많은 문명이 각인 화폐 제도를 선택했다. 주조 화폐는 가공하지 않은 청동처럼 거의 가치가 없는 재료에 신의 대리인으로 칭하던 황제가 그 권위로 가치를 부여한 돈으로, 추상적인 성격이 높다. 각인 화폐는 교역 과정에서 만들어진 돈이고, 주조 화폐는 정치적으로 만들어진 돈으로 볼 수 있다. 각인 화폐 문명권과 주조 화폐 문명권은 돈을 대하는 발상 자체가 다른 셈이다.

중국의 주화는 황제의 권력과 관료 기관의 '강제력' 없이는 유통되기 어려웠다. 중국의 돈은 통치자의 신용에 의존하는 오늘날의 화폐와 일맥상통한다.

기원전 221년에 최초로 중국 전역을 통일한 진의 시황제는 둥근 동전 한가운데에 네모난 구멍을 뚫고 오른쪽에 '반(半)', 왼쪽에 '량(兩)'을 새긴 반량전으로 돈을 통일했다. 진의 시황제가 만든 반량전은 대대로 중화 제국의 돈 형태의 본보기가 되었고, 한국이나 일본 등 주변국도 반량전을 동전의 본보기로 삼아 계승했다.

반량전

중국의 돈은 형태 자체로 황제의 지배를 형상화하는 추상적인 의미를 담고 있었다. 바깥쪽의 원은 둥근 '하늘'을, 안쪽의 사각형 구멍은 네모난 '땅'을 나타냈고, 원과 구멍 사이의 평면이 천제(신)의 목숨을 받아 하늘과 땅을 연결하고 통치하는 지배자(황제)를 상징했다. 구멍을 둘러싸고 상하좌우로 새겨진 명문에는 황제의 치세, 화폐의 가치 등을 새겼다.

거푸집으로 주조한 주화는 거친 모서리를 다듬어야 하는데 구멍에 네모난 금속 봉을 통과시켜 고정함으로써 손쉽게 다듬을 수 있었다. 또 구멍에 끈을 꿰어 100개 혹은 1,000개의 주화를 다발로 엮었다. 그냥 뚫어놓은 것처럼 보이는 구멍에도 나름대로 의미가 있었다.

중국에서 돈의 재료는 조개에서 청동, 동으로 변화했다. 은 왕조 시대에는 '개오지'라는 조개껍데기를 가치 있는 재료로 보고 교환의 매개로 삼았다. '재물 재(財)', '재화 화(貨)', '바칠 공(貢)', '팔 판(販)', '가난할 빈(貧)', '귀할 귀(貴)', '품팔이 임(賃)', '쌓을 저(貯)', '살 매(買)', '바꿀 무(貿)', '재물 자(資)', '뇌물 회(賄)' 등 경제에 관련된 한자에 '조개 패(貝)' 변이 붙는 까닭도 그 때문이다.

중국에서는 액막이나 복을 부르는 주술성을 가진 물건으로 경옥(硬玉, 비취), 연옥(軟玉, 투섬석 또는 투녹섬석)으로 만드는 옥을 귀하게 여겼다. 그래서 홍콩이나 대만의 타이베이 등에 가면 지금도 비취만 전문으로 취급하는 시장이 있다. 중국에는 귀금속이 아니라 주술성을 지닌 물건을 생활 속에서 중시하는 문화가 있는 것이다.

춘추전국시대에 도시가 성장하고 상업이 발달하면서 각 도시 상인의 원만한 거래를 돕기 위해 지방마다 칼(刀)이나 괭이 모양을 한 화폐 등 모양이 다른 청동제 돈을 발행했다. 이윽고 진나라가 중국을 통일하면서 황제의 권위와 권력이라는 추상적 개념에 돈을 하나로 엮어서 생각하게 되었다.

중국에서는 돈의 가치를 각 지역의 정부가 책임졌는데, 실제로 주화는 중앙이 아닌 지방에서 제작했고 시대에 따라 유력한 개인이 주조하기도 했다. 그래서 돈의 표준화가 어려워 위조된 돈이 널리 나돌아 다니게 되었다.

인도 주화의 기원

인도에서 가장 오래된 주화는 페르시아인이 세운 아케메네스 제국의 동부에 위치한 도시에서 기원전 5세기부터 기원전 4세기에 발행되었다고 추정된다. 이 최초의 주화를 본뜨고 복제한 것이 인도 각지로 퍼져 나갔다. 당시 동전은 양면이 아닌 한 면에만 인장을 새긴 은화로 모양도 제각각이었다.

동시에 인도에서는 거푸집에 넣어 주조하는 네모난 동 재질 주화도 만들어졌는데, 그 동전을 변형시켜 각인한 주화도 제작되었다.

인도 문명권의 돈 단위는 '루피(rupee)'인데, 루피는 힌두어로 '은화'를 뜻하는 루피야(rupiya)를 영어식으로 표기한 단어다. 인도 이외에도 파키스탄, 네팔, 스리랑카 등지에서도 루피라는 호칭을 사용한다. 인도네시아의 루피아(Rupiah)도 같은 계열이다. 돈을 통해 인도 문명권의 확대를 이해할 수 있는 것이다.

인도에서는 지역마다 300가지가 넘는 다양한 종류의 돈이 유통되었는데, 1835년에 영국의 동인도회사가 루피 은화를 표준 화폐로 정하고 인도 각지에 유통해 화폐 제도를 통일했다.

거대 이슬람 상권을
뒷받침한 돈

거대 이슬람 상권 체제에서 규정된 금화와 은화

비잔틴 제국과 사산조 페르시아 왕국이 격렬한 전쟁으로 공멸한 상황에서 이슬람교로 하나가 된 아라비아 유목민이 세 개 대륙에 걸친 이슬람 제국을 건설했다. 이슬람교도가 이끈 대정복 운동으로 옛 지중해 세계는 남북으로 분열되었고, 이베리아반도에서 북아프리카, 인더스강 유역에 이르는 대제국이 등장한 것이다.

창시자인 무함마드가 본래 상인 출신으로, 이슬람교는 상업적 면모가 강하여 이슬람 제국은 세계사에서 그 유례를 찾아보기 어려운 독특한 상업 제국을 이룩했다.

이슬람 제국은 금화를 사용하는 이집트·시리아의 금 경제권과 은화를 사용하는 페르시아의 은 경제권을 계승해 금은 복본위제(金銀復

本位制) 체제를 정비했다. 초기 이슬람 제국의 돈은 비잔틴 제국의 금화와 청동화, 사산조 페르시아의 은화를 복제한 모조품이었다.

이슬람 제국의 화폐 체제는 우마이야 왕조 5대 칼리프인 아브드 알-말리크(Abd al-Malik, 재위 685~705년)가 갖추었다. 이후 이슬람 세계의 주화에는 "신, 유일한 신 이외에 신은 없고 무함마드는 신이 보낸 예언자이다"라는 문구와 지배자인 칼리프를 뜻하는 "신의 대리인"이라는 문구가 고대 아라비아 문자로 새겨지게 되었다. 황제의 권위로 돈에 가치를 부여했던 중국처럼, 이슬람 세계에서도 유일신 알라의 권위가 돈에 가치를 부여했던 셈이다.

아브드 알-말리크는 비잔틴 제국의 노미스마 금화(Bezant, 베잔트 금화)를 모방한 순도 97%의 디나르(dinar) 금화, 사산조 페르시아의 디르함(dirham) 은화, 비잔틴 제국의 폴리스(follis) 동화로 화폐 제도를 정비했다. 본위 통화인 금화와 은화의 주조권은 칼리프가 독점하고, 보조 화폐인 동전의 주조권은 지방 총독에게 부여했다.

무게 4.29그램인 디나르 금화와 무게 2.97그램인 디르함 은화의 교환 비율은 1:20으로 정해졌다. 아바스 왕조 시대에는 은의 산출량이 많았기에 금 가격이 계속 상승했다.

아바스 왕조의 전성기인 5대 칼리프 하룬 알-라시드(Hārūn al-Rashīd, 재위 786~809년) 시대에는 금·은 교환 비율이 1:15.2였는데, 10세기 이후에는 은 부족이 심각해지며 은 가격이 상승해 금·은 교환 비율이 1:12가 되었다.

인구 150만 명을 자랑하는 도시 바그다드의 금융가는 금과 은의 교환 비율을 정하는 조정자 역할을 맡았고, 각 지방 도시에서는 환전상이 활약했다. 그러나 경제 규모가 거대해지며 금·은 산출량이 따라가지 못하기 일쑤였다.

아바스 왕조의 경제 규모가 확대되고 교역이 활성화되자 간단한 결제 방법이 필요해졌고, 페르시아에서 기원한 송금 어음인 수프타자(suftaja), 지참한 사람에게 지급하는 환어음인 사크(şakk, cekk)가 활발하게 이용되었다. 참고로 사크는 영어 단어 체크(check, 수표)의 어원이 되었다.

은 부족으로 발달한 수표

이슬람 제국의 대규모 교역은 산출량이 많은 은이 뒷받침했다. 이슬람 제국의 은 주산지는 이란의 호라산 지방과 실크로드의 중심이었던 소그드 지방이다. 9세기에 두 지방을 합친 은 산출량은 매년 150톤에서 180톤에 달하였고, 그 양은 1500년에 추정된 세계 총생산액의 약 3배에 해당한다.

바그다드의 칼리프에게는 어마어마한 양의 은이 모였다. 1500년에 추정된 세계 총생산액의 25배에 달한다. 이슬람 제국의 경제 규모는 실로 거대한 것이었다.

금의 주산지는 나일강 상류의 누비아와 사하라 사막 남쪽의 서수단이었다. 니제르강에서 사금이 풍부하게 산출되는 서수단(황금해안,

오늘날의 가나 등)은 10세기부터 15세기 무렵까지 세계 최대 금 산지로 알려졌다. 무슬림 상인은 사하라 사막에서 파낸 판유리 상태의 암염, 지중해 연안의 곡물, 설탕, 직물, 가죽, 동 제품을 단봉낙타의 등에 싣고 서수단으로 운반해 가나 왕국 등지에서 국왕이 관리하는 금과 교환했다.

서수단에서는 금을 온전히 이슬람 상인과의 교역에만 사용했고 가치 있는 상품으로 여기지 않았다. 그래서 이슬람 상인은 상상을 초월하는 수준의 수익을 올릴 수 있었다. 참고로 단봉낙타는 사하라 사막에 기원후 100년 무렵 도입되었다.

10세기에 접어들면 자원 고갈과 은을 제련하는 목재 고갈로 은 산출량이 단숨에 감소한다.

"10세기경 서아시아는 그야말로 심각한 사회적 위기에 직면했다. 한마디로 자원 고갈이다. 특히 삼림 자원의 고갈이 극심했다. 배를 만들 목재가 없어 먼 유럽에서 수입할 수밖에 없었다. 그뿐만 아니라 광산업에 사용할 연료 자원도 부족하기는 마찬가지였다. 불행하게도 서아시아에는 대체할 만한 석탄 매장량이 미미했고 석유는 있어도 아직 이용할 방법을 몰랐다."

동양 사학자인 미야자키 이치사다(宮崎市定, 1901~1995년)가 당시 시대를 평가한 말이다.

금화와 은화 부족이 극심해지자 제국의 경제 규모를 유지하기 위해 금융업자가 어음을 대량으로 유통하게 되었다. 바그다드와 바스라 등지의 대도시에서는 한 집 건너 한 집이 금융업을 할 정도로 금융업이 발달했다. 바스라에서는 시장 상인들이 은행에 계좌를 마련해 시장에서의 거래는 모조리 수표로 이루어졌다. 환전상에 가치 있는 물건을 가져가면 환전상은 수수료를 제한 액수의 수표첩을 발행해주었고, 그 한도 안에서 시장에서 매매가 이루어졌다.

바그다드에서 발행한 수표는 북아프리카 모로코에서 현금으로 바꿀 수 있었다. 이윽고 이슬람 상인이 사용하는 어음과 수표는 이슬람 상인과 거래하는 베네치아, 제노바 등의 이탈리아 상인 사이에서도 받아들여지게 되었다.

은화로 세워진 프랑크 왕국과 바이킹

7세기부터 8세기에 걸친 이슬람교도의 대정복 운동으로 시리아, 이집트, 북아프리카, 이베리아반도에 이르는 광대한 지역이 이슬람교도의 손아귀에 들어갔고 지중해 상권도 이슬람 상인이 장악하게 된다. 세계사의 대전환이 일어난 것이다. 이 과정에서 기독교 세계의 중심은 알프스 이북으로 이동했다.

751년에 알프스 이북을 통일한 프랑크 왕국(카롤링거 왕조)의 창시자 피핀(재위 751~768년)은 라벤나(Ravenna) 등의 지역을 교황에게 바친 인물로 알려졌다. 피핀이 기증한 라벤나 지방은 교황령의 시초가 되었다.

프랑크 왕국에서는 기존 로마 제국의 금화가 주로 돈으로 유통되었는데, 피핀이 금화 주조를 중단하고 데나리우스 은화로 화폐를 통일하면서 금화를 중심으로 한 비잔틴 제국에서 경제적 자립을 도모했다. 비잔틴 제국에서는 누비아의 금이 흘러들어 왔기에 여전히 금화가 주요 통화 기능을 담당했다. 하지만 중세 유럽은 은화의 시대였다.

왕국을 창건한 피핀은 1리브라의 무게를 20솔리두스, 240데나리우스와 같다고 정했다. 1리브라는 1파운드와 같기에 데나리우스 은화는 240분의 1파운드 무게의 은을 포함하는 셈이다.

프랑크 왕국이 돈을 은화로 통일한 이유는 다음과 같다.

① 국내에서 은이 풍부하게 산출되었다.

② 국내 거래가 소규모라 금화보다 은화가 이용하기 편리했다.

③ 지중해 무역을 지배하던 이슬람 상인이 주로 은화를 사용했다.

800년에 교황에게 왕관을 받아 서로마 제국의 황제가 된 키 195센티미터의 거한 카롤루스 대제(재위 768~814년)는 데나리우스 은화를 재주조해 1.3그램의 이 은화를 표준 화폐로 정했다.

이 시기에 은을 매개로 서유럽과 비교가 되지 않을 정도로 큰 규모로 무역 활동을 펼치던 또 다른 세력은 발트해 연안의 바이킹이었다. 바이킹은 서유럽과는 다른 독자적인 은 세계를 창조했다.

발트해 가장 안쪽에 사는 스웨덴계 바이킹은 발트해에서 가장 큰 고틀란드섬(Gottland)을 거점으로 삼아 러시아의 '베링-엘라다 교역로'를 이용해 카스피해 북쪽 연안에 이르렀고, 이슬람 상인과 활발하게 교역했다. 바이킹은 삼림지대의 모피, 가죽, 벌꿀, 노예 등을 팔

카롤루스 대제(재위 768~814년)

고 이슬람의 은화, 향신료처럼 동방의 진귀한 상품을 대량으로 수입했다.

바이킹은 은을 저울로 재서 사용했기에 이슬람 은화를 그대로 장사에 쓰다가 사후에 부장품으로 무덤에 안장했다. 그래서 이슬람 은화가 가장 많이 출토되는 지역이 스웨덴의 고틀란드섬이다.

"물론 매장된 은화로 교역을 통해 섬에 들어온 은화의 총량을 추측하기는 어렵다. 그러나 가령 교역으로 얻은 은화 천 닢 중 한 닢 정도가 출토된다고 치면 상당히 낙관적인 계산이 가능하다. 고틀란드섬 사람들은 교역이 가장 활발하게 이루어졌던 1세기 중반에 1억 개 이상의 은화를 보유했을 터이다."

B. 암그렌(B. Almgren)의 『바이킹(The Viking)』이라는 책에 기술된 내용이다.

대량의 은화가 존재했다는 사실은 북유럽 바이킹 세계가 서유럽보다 상업과 화폐 경제가 훨씬 발전한 세계였다는 방증이다.

바이킹은 발트해에서 서도나우강 등의 여러 하천을 거슬러 올라 배를 짊어지고 이동하다가 물길이 나오면 다시 배를 타고 이동하는 '연수륙로(連水陸路)'로 볼가강에 이르렀고, 카스피해를 거쳐 이슬람 상인과 대규모 거래에 나섰다. 당시 비단 제조법이 페르시아, 비잔틴 제국에 전해지면서 실크로드 무역의 주력 상품이던 비단의 상품 가치가 떨어졌다. 그러자 비단을 대신해 삼림지대에서 생산하는 모피가 새로운 사치품으로 부상했다. 대량의 모피가 바이킹의 손에 들려

러시아에서 이슬람 세계로 흘러들어 갔다.

발트해 주변에서는 20만 개에 달하는 바이킹 시대의 은화가 출토되기도 했다. 그중 상당수가 실크로드 중심지인 소그드 지방을 지배하던 사만왕조(Samanid Empire)의 디르함 은화였다. 이러한 사실로 비단을 주로 거래하던 실크로드 상인이 바이킹과의 모피 무역으로 업종을 전환했음을 추측할 수 있다.

삼림지대의 슬라브인은 바이킹을 '루스(Rus)'라 불렀다. '배의 노를 젓는 사람'이라는 뜻이다. 이 루스라는 단어가 러시아라는 나라 이름의 기원으로 여겨진다.

5

이탈리아에서 시작된
은행과 부기

이탈리아 왕국과 은행의 성립

유럽 은행의 기원은 12세기 후반부터 14세기에 이르는 이탈리아 여러 도시의 은행에서 찾을 수 있다. 은행을 뜻하는 '뱅크(bank)'라는 영어 단어의 어원은 이탈리아어 'banco'로 시장에서 환전 상인이 사용하던 책상, 즉 환전상의 가판대를 가리켰다. 유럽의 은행은 다양한 돈의 환전이 이루어지던 이탈리아 도시 시장의 환전상 가판대에서 시작되었다. 참고로 판을 뒤집어엎는다는 말에서 기원한 '뱅크럽시(bankruptcy)'는 도산이라는 뜻이다.

은행은 고객의 예금을 맡아 고객을 위해 계좌를 개설하고 빌려주며 고객의 결제 관리 업무를 맡는 금융기관을 일컫는데, 최초에는 상인을 위한 환전에서 시작되었다. 참고로 예금이란 저축의 수단이자 결제의 수단이 되는 돈을 가리킨다.

　이슬람 상인이 지배하는 지중해 세계에서는 십자군 운동을 계기로 이탈리아 여러 도시의 상업 활동이 활발해졌다. 상업과 더불어 시작된 이탈리아 금융업의 성장에는 어음, 수표 등을 일반적으로 사용하던 이슬람 상인의 영향이 컸다.

　베네치아, 제노바, 피사 등의 도시는 십자군을 재정적·군사적으로 지원했고, 동지중해로 뻗어 나가며 이익을 확대했다. 이탈리아 상인은 십자군을 파견하는 왕과 제후를 고객으로 삼아 재력과 신용을 기반으로 돈을 빌려주었다. 이탈리아 상인의 활동이 지중해를 넘어 유럽의 넓은 범위에 미치자 금융 네트워크와 결제 기술의 개혁이 필요해졌다.

　그러자 은 거래에서 왕과 제후에게 담보를 받고 선대 이자로 이익을 챙기는 롬바르디아 상인이 두각을 나타내기 시작했다. 롬바르디아 상인 중 일부는 14세기에 영국 런던의 중심가로 이주해 은행가로 변신했다. 런던 금융의 중심인 롬바드가(Lombard Street)의 이름은 롬바르디아에서 비롯되었다.

　유럽 각 도시에서 시장이 열리게 되자 이탈리아 상인은 이슬람 상인을 모방해 환전, 어음으로 결제하는 방식을 채택했고 이 방식이 널리 퍼졌다. 12세기 말부터 13세기 제네바 상인이 사용하던 환어음을 기원으로 추정한다.

　먼 지방에서 발행된 환어음은 일종의 융자 수단으로도 사용되었는데, 다른 지역에서 사용되는 돈과 교환이 필요하면 이자가 환전 수수료의 형태로 붙었고, 교회의 이자 취득 금지 규정에도 저촉되지 않아 편리했다.

15세기에 이르면 상인과 은행 사이에 에누리 가격으로 환어음이 매매되었고, 어음이 돈과 마찬가지로 거래되었다. 또 수표(polizze)도 사용하게 되었다.

달러의 기원, 탈러 은행

이탈리아 여러 도시의 번영은 유라시아를 아우르는 몽골인의 거대한 상권과 연결된 원거리 무역이 활발해지면서 막대한 이익을 남기게 되었다. 베네치아는 이집트의 알렉산드리아를 거쳐 아시아 바다와 연결되었고, 제네바는 흑해 북쪽 연안에 구축한 식민지에서 초원길을 통해 일 칸국(1258~1411년)과 원 제국(1271~1368년)을 이었다. 원거리 무역으로 벌어들인 막대한 부가 르네상스의 재정적 기반이 되었다. 십자군이 비잔틴 제국에서 베잔트(bezants)라는 금화를 가져오자 그 금화를 모방해 이탈리아반도에서도 금화를 주조하게 되었다.

모직물 산업이 발전한 피렌체는 바야흐로 이탈리아 각 도시에 금융업을 전개해 막대한 이익을 얻었고, 르네상스를 주도하는 도시로 거듭났다. 피렌체에서는 1252년에 순금 3.53그램의 플로린(Florin) 금화가 주조되기 시작했다. 한쪽 면에 백합꽃을 새긴 플로린 금화는 유럽에서 가장 신뢰할 수 있는 금화로 유럽에 널리 보급되었다. 금화의 크기가 작고 질이 균일해 각지 상인이 이 금화로 거래하며 전 유럽으로 퍼져 나갔다.

이 플로린 금화와 동등한 가치를 지닌 돈이 순은 35그램의 대형 탈러(Thaler) 은화였다. 탈러 은화는 수량이 적은 플로린 금화를 보충하는 화폐로 널리 유통되었다. 우리는 이 탈러 은화가 플로린 금화와 같은 가치를 지녔다는 부분에 초점을 맞추어야 한다. 탈러는 1519년에 남독일의 티롤에서 은 광산을 경영하던 히에로니무스 슐리크 백작 형제가 주조한 주화로, 뒷면에 보헤미아 왕국의 문장인 춤추는 사자가 새겨졌다.

이 탈러 은화는 스페인에서도 유통되며 탈레로(talero)라 불렸다. 이후 신대륙을 정복하고 페루와 멕시코에서 대량의 은을 획득하게 된 스페인은 페루와 멕시코에 은화 주조소를 설치하고 대량의 탈러 은화를 주조해 유럽과 아메리카에 유통시켰다. 탈러 은화를 모방한 셈이다. 이 돈이 훗날 '달러'라는 화폐 호칭의 기원이 된다.

환전으로 부를 쌓은 메디치 가문과 산 조르조 상회

피렌체를 대표하는 금융업자 메디치 가문은 유럽 각지의 주요 도시에 지점을 설치해 환어음 발행과 결제로 거액을 벌어들였다. 당시는 여전히 교회가 이자 취득을 금지하고 있었는데, 메디치 가문은 눈 가리고 아웅 하는 식으로 환전이라는 명목하에 이자를 챙겼다. 환전은 이자를 받아 챙기는 꼼수였던 것이다.

꼼수가 성공을 거둔 덕분에 메디치 가문은 로마 교황청의 재정 관리를 맡았고, 일족에서 두 명이나 교황을 배출하는 가문의 영예를 안았다. 플로린 금화는 메디치 가문의 경제 활동의 혈액이 되어 유럽 곳곳을 돌아다녔다. 메디치 가문은 17세기 말까지 유럽에서 가장 뛰어난 금융 기술을 보유했다.

몽골 제국의 광활한 영토를 누비며 활발하게 교역 활동을 벌이던 제네바에서도 1407년 도시에 채권을 보유한 상인을 하나로 규합한 산 조르조 상회(Compagnia di San Giorgio)가 설립되어 출자금을 거두었다. 제노바는 1252년에 피렌체가 플로린 금화를 주조하기 몇 개월 전에 시칠리아의 금화를 본떠 무게 3.5그램짜리 양질의 제노비노(genovino) 금화를 발행해 널리 유통했다.

르네상스기 상업 활동과 이슬람 문명이 기원인 숫자와 부기

이슬람 경제의 전성기에 지중해 상권이 이슬람 상권의 영향권에 편입되었다. 요즘 자주 사용하는 '리스크(risk)'(예측 불가능한 위험)라는 단어는 해도가 없는 항해를 의미하는 아랍어에서 어원을 찾을 수 있다. 이처럼 유럽의 근대적 경제관념도 이슬람 세계와 깊은 연관이 있다. 나중에 세계 경제를 이끌게 될 유럽은 이슬람 문명을 모태로 성장한 것이다. 쉽게 말해 유럽 문명은 이슬람 문명이 업어 키운 것이나 다름없다.

이는 유럽 경제의 기초가 되는 '숫자(figure)'와 '부기(book-keeping)', '금융 기술' 등이 이슬람 세계에서 유럽으로 전해졌다는 사실로도 알 수 있다.

예를 들어 현재 전 세계에서 사용하는 아라비아 숫자는 힌두교 신자가 사용하던 인도 숫자가 7세기부터 8세기에 이슬람 세계로 넘어가 '아라비아 숫자(Arabic numerals)'가 되었고, 나중에 북아프리카에서 변형되어 유럽으로 전해진 것이다. 유럽에서 가장 오래된 아라비아 숫자는 10세기에 사용되었다고 추정된다. 이슬람 세계를 매개로 인도의 기호가 이식되어 전 세계적으로 사용하는 기호로 거듭났다.

복식 부기도 마찬가지다. 이슬람 세계에서 기원을 찾을 수 있는 부기는 1340년에 제노바에서 '복식 부기'로 자리 잡았다. 1494년에 루카 파치올리(Luca Pacioli)는 유럽 최초로 부기 서적을 출간해 복식 부기의 이론적 기초를 닦았고, 서유럽 각국에 큰 영향을 주었다.

'자산', '이익' 등의 개념도 이때 등장했다. 르네상스 시대의 학자로 정치를 종교, 윤리와 분리해 고찰한 피렌체의 마키아벨리가 유명한데, 1513년에 집필한 『군주론』(출간은 1532년)은 정치학의 고전으로 꼽힌다. 산업 활동을 객관적으로 파악하게 된 시기도 이 무렵부터다.

참고로 부기는 자본주의 경제가 본격적으로 꽃을 피운 산업혁명 이후에 중시되었다. 19세기 후반에 전문 경영자가 기업을 관리하게 되자 회계가 중요해졌고, 19세기 말에는 독일에서 대차대조표론, 재무재표론이 만들어졌다. 또 영국과 미국에서 계산 관련 이론이 발달하면서 기업 경영을 돕는 회계사가 사회적으로 큰 역할을 맡게 된다. 유럽 경제 시스템의 뿌리를 거슬러 올라가면 한때 지중해 세계를 주름잡던 이슬람 문명에 다다른다.

동이 부족해 만들게 된 세계 최초의 지폐

지폐는 송나라 시대에 출현했다

중국에서는 (북)송(960~1127년) 시대에 도시가 성장하고 상업이 발달해 동전 발행량이 당 시대에 비해 약 10배로 늘 정도로 급증했다. 송의 동전은 동남아시아와 일본 등지에서도 사용되는 등 아시아의 공통 통화로 자리매김했다.

어마어마한 양의 동전을 주조할 필요성이 생겼으나 동의 산출량이 적었던 송은 심각한 원료 부족 사태에 직면했다. 그래서 쓰촨(四川) 등의 벽지에서는 철전을 사용하기도 했다. 하지만 철전은 동전보다 가치가 낮고 무거워 운반하기 불편해 고액이 오가는 상거래에 적합하지 않았다.

또 돈의 표준화가 늦었던 중국에서는 송 시대에 다양한 모양과 종류의 주화가 유통되면서 몹시 불편했다. 그러자 쓰촨성의 금융업자는 '교자(交子)'라는 어음을 발행하여 무게가 무거워 대량으로 운송하기 어려운 철전의 불편함을 해소하고자 했다. 가치가 보증되고 가벼운 종이를 교역의 매개로 삼아 주화를 교환할 때의 번거로움, 운반의 곤란함 등의 문제를 해결한 것이다.

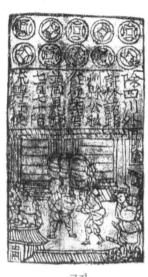

교자

이윽고 교자의 편리성이 널리 알려지자, 송은 상인조합으로부터 어음 발행권을 빼앗아 지폐(paper money)로 교자를 발행했다. 원래 동전의 가치를 나타내고 동전과 교환할 수 있었던 어음을 황제가 가치를 보증하는 지폐로 탈바꿈시킨 셈이다.

애당초 중국에서는 가치가 거의 없는 동에 황제가 가치를 부여한 형태의 돈을 썼기에, 지폐 발행이 비교적 수월했을 것으로 추정된다.

몽골 제국 시대에 은이 부족해 고민하던 서아시아의 일 칸국에서는 중국에서 장인을 초빙해 지폐 발행을 시도했다. 그러나 지폐는 귀금속을 돈의 재료로 여기는 서아시아의 돈 문화에 스며들지 못해 지폐 발행 단계에서 계획이 좌초되었고 끝내 지폐를 유통하지 못했다.

송을 계승한 원에서는 주화 사용이 금지되고 돈은 정부가 발행하는 '교초(交鈔)'라는 지폐로 통일된다. 원을 방문한 마르코 폴로 등의 유럽인은 지폐를 보고 놀랐고 본국으로 돌아가 자신의 놀라운 경험을 보고했다.

마르코 폴로도 깜짝 놀라다

칭기즈칸의 지휘로 동서 8,000킬로미터에 달하는 중앙아시아의 대초원을 통일한 몽골인은 아바스 제국, 금, 남송을 정복하고 유라시아 동서에 걸친 몽골 제국을 건설했다. 몽골 제국의 정치·경제의 두 중심은 원의 대도(大都, 오늘날의 베이징)와 일 칸국의 타브리즈(Tabriz)였다. 몽골 제국은 두 개의 경제권을 가진 나라였다.

원 제국을 창건한 쿠빌라이 칸 아래에서 관리로 17년간 일한 베네치아의 상인 마르코 폴로는 『동방견문록』에서 대도의 궁전은 유례 없는 규모를 자랑하고 "눈길이 닿는 곳마다 금과 그림으로 장식되어 있다"며 영화를 누리는 모습을 기록했다. 또 다른 지도자에 대해서는 손가락 한 마디 두께의 금으로 궁전 정원을 채우고 금으로 칠갑해 마치 금으로 만든 것처럼 보이는 탑을 세웠다고 썼다.

쿠빌라이 칸의 궁전에서 본 엄청난 재력보다 마르코 폴로를 놀라게 만든 장면이 있었다. 바로 황제가 발행하는 지폐, 즉 교초였다. 이탈리아 상인인 마르코 폴로에게 종잇조각이 금이나 은과 맞먹는 취급을 받는 상황은 믿을 수 없을 정도로 신기한 광경이었다.

마르코 폴로는 지폐에 황제의 인장을 찍는 절차를 기록하며 "종잇조각이 순금과 순은 화폐와 같은 격식과 권위를 지닌다. 지폐는 법적으로 보증된다. 쿠빌라이 칸은 이 지폐를 전 세계의 금고를 채울 정도로 만들었다"라고 지폐라는 마법의 종잇조각에 경탄했다. 전 세계의 부를 모두 사들일 수 있을 정도로 지폐를 찍어냈다는 마르코 폴로의 기록은 무에서 유를 창조하는 마법의 기술처럼 보이는 지폐 발행 제도를 보고 느낀 경탄을 솔직하게 표현한 것이다.

오늘날은 다양한 지폐와 유가증권이 복잡한 절차에 따라 줄줄이 발행되는 시대로, 경제 영역에서 '쿠빌라이 칸'과 같은 설대 권력자가 나타나지 않도록 주도면밀하게 제어해야 한다. 마르코 폴로는 황제의 주조국은 설비가 잘 갖추어져 있어 마치 황제가 연금술을 습득하고 있는 것 같다고 설명했다. 쿠빌라이 칸은 관리의 급여 지급, 화난 지방에서 들어오는 엄청난 양의 곡물 대금, 물자 조달 등에 지폐를 사용했고, 이를 염세 등의 형태로 정부에 환원시켰다.

이슬람 세계로 다시 흘러들어 간 중국의 은

원 제국 최대의 재원은 국고 수입의 80%를 차지하는 소금 전매 수입이었다. 요즘 식으로 말하면 소비세다. 원 정부는 소금 상인에게 값을 후하게 쳐주고 소금을 사들였는데, 그때 정부가 발행한 '염인(鹽引)'이라는 어음을 은으로 사게 하고 소금을 주었다.

그래서 정부 수입의 80%는 은으로 모았다. 또 창장(長江, 양쯔강) 이북의 농민에게는 세금으로 각 호별로 은을 내게 하는 포은제(包銀制)

를 실시했고, 중국 은의 60% 이상을 산출하는 윈난(雲南) 지방에 많은 이슬람교도를 이주시켜 은광 개발에 열을 올렸다.

중국이 거두어들인 막대한 양의 은은 유라시아 각지의 몽골인 왕족에게 분배했는데, 그 양은 연간 10톤에 달했다고 추정된다. 중국에서는 지폐인 교초를 유통했기에 은이 필요하지 않았다. 중국에서 생산한 대량의 은이 은 고갈로 고심하던 이슬람 세계를 향해 유유히 흘러갔다. 오랜 세월 은 부족으로 허덕이던 이슬람 경제는 13세기에 원에서 넘어온 은으로 안정을 되찾을 수 있었다. 유라시아 전역에서 모인 은이 고스란히 이슬람 세계로 이동했다.

제2장

팽창하는 돈과
투자와 투기

투자나 투기에 관한 다양한 정의가 있는데, 간단히 설명하면
'투자'란 이익을 목적으로 사업 등에 돈을 투입하는 행위이고,
'투기'는 미래의 가격 변동을 예상해 가격 차이에서 생기는 이
익을 얻기 위한 매매 행위를 일컫는다.

돈을 통해 세계사를 통관할 때 주목해야 할 큰 전기가 바로 '신항로 개척 시대'다. 신항로 개척 시대 이후 상업혁명과 가격혁명이 동시에 일어났고, 상업 규모가 비약적으로 확대되어 유산층의 '여유 자금'이 유럽에 넘쳐흘렀다. 중세에는 금지되었던 투자와 투기가 수면 위로 올라와 일상이 된 것이다.

　투자나 투기에 관한 다양한 정의가 있는데, 간단히 설명하면 '투자'란 이익을 목적으로 사업 등에 돈을 투입하는 행위이고, '투기'는 미래의 가격 변동을 예상해 가격 차이에서 생기는 이익을 얻기 위한 매매 행위를 일컫는다.

　경제학자인 케인스는 자산의 전 기간에 걸친 수익을 예측하는 경제 활동을 '투자'라 보고, 시장의 심리를 예측하는 행위를 '투기'로 정의한다. '투자'는 장기적인 전망을 보고 결정하는 행위이고, '투기'는 단기적으로 감에 맡기는 행위라는 점에서 큰 차이가 있다. 그런데 '투자'와 '투기' 사이의 간격이 워낙 좁다 보니, '돈'이 사회를 뒤흔드는 현상도 주기적으로 발생했다. 대서양 세계(Atlantica)는 상품이 움직이는 사회에서 '돈'이 움직이는 사회로 전환되어갔다.

이 책에서 다루는 네덜란드의 튤립 파동, 영국의 남해회사 거품 사건(South Sea bubble) 등이 대표적인 투기의 예이고, 네덜란드 동인도회사에 자금을 제공하는 행위 등은 투자의 예로 볼 수 있다.

17세기에 신대륙의 은이 고갈되면서 유럽으로 들어오는 은이 갑자기 줄어들자, 플랜테이션 시대로 넘어갔다. 신대륙의 대규모 농장에서 상품 작물 재배가 확대되었다. 플랜테이션에서는 시설, 농기구, 종자, 흑인 노예, 식량 등을 모두 '돈'으로 마련했고, 작물은 상품으로 팔려나갔다. '투자'로 발생한 '돈'의 순환이 플랜테이션을 움직였다.

경제 규모의 확대, 전쟁, 사치스러운 왕과 귀족의 생활은 금화와 은화 부족 사태를 일으켰다. 자금 부족을 보충하기 위해 유럽에서도 지폐를 만들게 되었다. 프랑스에서 존 로(John Law)가 지폐를 발행한 게 유럽 지폐의 효시다.

영국에서는 명예혁명 시기에 은행권(지폐) 발행이 민간의 잉글랜드 은행(Bank of England)에 인정되었다. 국채를 인수하는 대가로 은행권 발행을 인정한 것인데, 지폐 발행의 중요성과 공공성에 대한 이해가 깊어지면서 잉글랜드 은행은 국영화의 길에 들어섰다.

1

황금에 대한 열망과
신항로 개척 시대의 시작

황금 환상이 에너지원이 된 항로 개발

예전에 '대항해 시대'라고 부르기도 했던 '신항로 개척 시대'는 경제적 욕망이 큰 원동력으로 작용하기 시작한 시대였다. 포르투갈의 엔히크 항해왕자(Infante Dom Henrique, o Navegador)는 아프리카 내륙부에 존재한다고 여겨지던 강대한 기독교 왕국인 '사제왕 요한(Presbyter Johannes, 프레스터 존이라 부르기도 했다)' 이야기를 믿고 동맹을 결성해 이슬람교도가 지배하는 모로코를 빼앗았다. 또 서수단과 직접 금 거래를 하겠다며 아프리카 서해안으로 가는 탐험대를 조직하기도 했다. 콜럼버스도 황금의 섬 '지팡구'를 발견하고 마르코 폴로가 수천 개의 섬이 흩어져 있다고 전했던 친(Chin) 해역(중국 동쪽의 바다)과의 무역을 목적으로 대서양으로 배를 몰았다.

콜럼버스(1446?~1506년)는 이탈리아 피렌체의 의사 토스카넬리가 주장한 지구 구체설(球體說)을 신봉해 '아틀라스해(대서양)'로 출항했다. 콜럼버스는 마르코 폴로의 『동방견문록』에 기록된 황금의 섬 '지팡구'가 있다고 믿었다. 그는 황금에 눈이 먼 한탕주의 벤처 사업가나 다름없었다. 콜럼버스는 '지팡구'의 황금과 대중국 무역을 독점해서 한몫 크게 챙겨보려는 속셈으로 항해에 나섰던 것이다. 그러나 예나 지금이나 벤처 비즈니스를 안정시키려면 이권을 보호해주는 국가의 비호가 뒤따라야 하는 법이다.

콜럼버스는 포르투갈의 바르톨로메우 디아스(Bartolomeu Dias)가 아프리카 최남단의 희망봉에 도달했다는 정보를 입수하고 '지팡구 섬'의 황금을 독점한다는 계획이 좌절될지 모른다는 두려움에 휩싸였다. 경쟁자에게 선수를 빼앗겨 조바심이 났던 콜럼버스는 1492년에 그라나다 왕국을 정복하고 '레콩키스타(Reconquista, 국토 회복 운동)'를 완성한 스페인의 이사벨 여왕(1451~1504년)을 설득해 지원을 받아내는 데 성공했다.

콜럼버스는 산타마리아호(배수량 127톤), 핀타호, 니냐호로 편성된 세 척의 함대(승조원은 120명 또는 90명)를 이끌고 스페인 남부의 팔로스항을 출발했다. 비교적 평온한 해역을 한 달가량 항해한 후에 카리브해의 '가장자리'에 위치한 바하마제도의 과나하니(Guanahani)섬에 도착했다.

콜럼버스는 카리브해를 마르코 폴로의 『동방견문록』에 나온 친

해역이라고 믿었다. 그래서 압도적으로 큰 섬이어야 하는 '지팡구'를 찾아 헤매다가 아이티섬(현재의 히스파니올라섬)을 '지팡구섬'이라고 판단했다. 상륙했을 때 만난 금 장신구를 두른 섬 주민들에게 섬 깊은 곳의 '시바오'라는 곳에 금이 풍부하다는 정보를 입수했기 때문이다.

콜럼버스의 『항해일지』에 '금'이 65번 이상 등장한다는 사실로 충분히 짐작할 수 있듯, 그의 열정과 용기는 '돈'을 벌겠다는 강렬한 욕망에서 탄생했다. 오늘날로 치면 투자가를 모아 자금을 확보해 보물을 찾는 일명 '보물선 인양' 벤처 사업이라고 할 수 있다.

콜럼버스는 이 탐험 항해에서 모로코 연안의 카나리아제도에서 계절풍을 이용해 카리브해에 도착했고, 플로리다반도 연안을 흐르는 멕시코 만류를 타고 유럽으로 돌아가는 대서양 '해양 고속도로'를 개발했다. 유럽과 '신대륙'을 연결하는 안정적인 항로는 이렇게 출범했다.

콜럼버스가 신대륙을 발견한 이후 스페인 남부 안달루시아 지방에 살던 사람들이 '신대륙'으로 대규모 이주를 감행해 '신대륙'은 '제2의 유럽'으로 모습을 갖추어나갔다. 황금 환상은 스페인인이 '신대륙'을 정복하고 이주를 추진하게 한 무한한 에너지원이었다. '돈'에 대한 광기에 가까운 열정이 안달루시아 지방에서 낯선 신대륙으로 이주의 물결을 일으킨 것이다.

'신대륙' 정복과 황금 약탈

스페인에 정복되기 직전의 '신대륙' 인구는 8,000만 명 이상으로 추정된다. 당시 스페인과 포르투갈을 합친 인구는 그 10분의 1 수준인 800만에 머물렀고, 유럽 전체 인구도 약 6,000만 명으로 추정된다. '신대륙'의 대표적인 문명인 아즈텍과 잉카는 거대한 제국이었다.

아즈텍 제국과 잉카 제국이 스페인인에게 단기간에 정복된 이유는 스페인인이 들여온 천연두가 창궐하며 발생한 공포 때문이었다. 천연두는 100년 동안 면역력이 없는 아메리카 선주민 80%의 목숨을 앗아갔고, 14세기에 유럽을 덮친 페스트를 넘어서는 맹위를 떨쳤다. 이상한 모습을 한 침입자와 역병 창궐에 맞닥뜨린 아즈텍과 잉카 제국 사람들은 침입자를 과대평가했고 공포심에 사로잡혔다.

쿠바 총독에게 멕시코 원정대장으로 임명된 에르난 코르테스(Hernán Cortés, 1485~1547년)는 1519년에 약 500명의 병사와 16필의 말, 약 50정의 총을 들고 유카탄반도에 상륙했다. 스페인인이 마야인에게 "여기는 어디인가?"라고 묻자 마야어로 "유카탄(Yucatan, 뭔 말인지 모르겠어요)"이라고 대답했고, 스페인인은 이 말을 이 지역 이름으로 오해해 그대로 '유카탄'으로 굳어졌다고 한다. 어쨌든 유카탄반도에 진출한 코르테스 일행은 아즈텍 제국의 존재를 전해 들었다. 코르테스군이 아즈텍 제국의 수도 테노치티틀란(Tenochtitlan)에 입성하자 아즈텍인은 추방된 '수염을 기른 하얀 피부의 신 케찰코아틀이 돌아온다'는 예언에 따라 코르테스 일행을 케찰코아틀 신이라 착각해 제국은 허망하게 무너졌다.

파나마 지협(북아메리카와 남아메리카를 잇는 좁고 잘록한 땅. 오늘날의 파나마 운하 — 옮긴이)에서 잉카 제국의 존재를 알게 된 피사로(1471?~1541년)는 약 180명의 병사와 27필의 말을 끌고 페루에 상륙했다. 그리고 잉카 황제의 지위를 둘러싸고 제국이 혼란스러운 틈을 이용해 살아 있는 신으로 모셔지던 잉카 황제를 사로잡아 조종한 끝에 제국을 멸망

아타우알파 황제
(재위 768~814년)

시켰다.

피사로에게 볼모로 잡힌 잉카 제국의 마지막 황제 아타우알파는 만약 자신을 자유롭게 풀어준다면 그가 잡혀 있던 폭 5.2미터, 깊이 6.7미터, 높이 2.7미터의 방을 두 달 안에 손이 닿는 높이까지 황금으로 가득 채워주겠다고 피사로에게 제안했다.

약속대로 아타우알파 황제는 약 50톤의 황금으로 방을 채웠으나, 피사로는 황금만 챙기고 황제를 무참히 살해했다. 이때 피사로와 스페인 국왕이 손에 넣은 금은 당시 유럽 금의 연간 산출량보다 많았다고 한다. 피사로는 힘들이지 않고 어마어마한 '금'을 챙겼다.

정복은 잉카 제국 멸망 후에도 계속되었다. 오늘날의 콜롬비아 수도 보고타 부근에 살던 선주민 칩차(Chibcha)족의 족장이 일 년에 한 번 열리는 의식을 치를 때 목욕재계 후 온몸에 금가루를 칠하고 호수에 황금을 바친다는 소문이 엘도라도(El Dorado, '황금을 칠한 사람'이라는 스페인어로, '황금향'이라 번역된다) 전설을 만들어냈고, 그 전설을 믿고 욕심에 사로잡혔던 탐험가들은 단기간에 스페인 본국의 35배에 달하는 남미를 정복했다. 여담으로 콜롬비아 수도 보고타의 국제공항은 '욕망의 시대'의 향수를 담아 '엘도라도 공항'이라는 이름이 붙었다.

신대륙에서 물밀듯 밀려들어 온
은이 탄생시킨 투자와 투기

은의 대량 유입과 가격혁명

1545년이 되자 볼리비아의 포토시 은광, 이듬해인 1546년에는 멕시코의 사카테카스 은광이 발견되었고, 수은 아말감 제련법과 수차를 이용한 은 광석 분쇄 등으로 대량으로 획득한 저렴한 은이 유럽으로 흘러들어 왔다.

볼리비아 남부의 해발 4,000미터의 고지에 자리한 포토시는 은광 도시로, 많은 인디오 노동자를 모아 1611년에는 인구 15만 명을 헤아리는 신대륙 최대의 도시로 거듭났다. 한편 사카테카스는 수명이 긴 은광으로 19세기까지 꾸준히 세계 은의 5분의 1을 생산했다.

신대륙에서 유럽으로 들어온 귀금속은 대개 은이었다. 1531년부터 1540년까지는 85% 이상, 1561년부터 1570년까지는 97% 이상이 은이었다. 채굴된 은은 마지막에 쿠바섬의 아바나항에 집결되어 대서양 최대 난류인 멕시코 만류를 타고 버뮤다섬, 아조레스제도를 거쳐 스페인의 세비야로 들어왔다.

여러 설이 있는데 1503년부터 1660년까지 약 1만 5,000톤이 넘는 막대한 양의 은이 신대륙에서 스페인의 세비야 항구로 흘러들어 왔다고 한다. 유럽의 '돈'이 하루아침에 불어났다. 마침 종교전쟁의 시대였다. 주괴와 주화(스페인제 탈레로 은화)로 흘러들어 온 은 중에서 약 40%가 스페인 왕실의 수입이 되었고, 나머지는 전쟁 비용과 은행가에게 지급되는 이자, 물품 구매비로 유럽 각지로 흘러나갔다.

'신대륙'에서 들어온 대량의 은 때문에 은 가격은 폭락했고, 16세기부터 17세기 초반에 걸쳐 유럽의 물가는 3배에서 4배로 가파르게 치솟았다. 쉽게 말해 시중에 돈이 남아돌았다. 이러한 현상을 훗날 '가격혁명'이라 부르게 되었다.

'돈'의 팽창과 사회에 각인된 투자와 투기

막대한 은 유통으로 시중에 '돈이 남아도는 현상'이 발생하자 이자를 얻겠다는 목적으로 '돈'을 운용하는 사업이 활발해졌다. 중세에는 사악한 행위로 여겨지던 이자 획득이 적극적으로 용인되었다. 당시의 공업 생산 수준은 낮았고 투자와 투기의 대상은 상업과 식민지 개발로 한정되었다. '신대륙'에서 은이 대량으로 유입된 세비야를 중심으로 안달루시아 지방에는 인플레이션이 극심해졌고 1500년부터 1600년 사이에 물가가 하늘 높은 줄 모르고 올라 무려 5배나 상승했다.

스페인 주조국에서 찍어낸 은화와 '신대륙'에서 밀수된 은은 16세기에는 프랑스로, 16세기 말부터 17세기에 걸쳐서는 스페인군의 군자금으로 네덜란드로 흘러갔다. 스페인이 '신대륙'에서 악착같이 그러모은 '눈먼 돈'의 약 70%가 종교전쟁으로 낭비된 것이다. 엄청난 양의 은이 유럽 각국으로 흘러갔다.

영국, 프랑스 등지에서는 물가 성승에 임금 상승이 따라가지 못했다. 영국에서는 1673년부터 1682년까지 10년 사이에 물가가 15세기 후반과 비교해 약 3.5배 상승했고, 임금 상승은 2배에 머물렀다. 프랑스도 엇비슷한 상황이었다.

극심한 인플레이션은 저축할 여유가 있었던 유산 계급을 돈벌이로 내몰았다. '돈'의 팽창과 유럽 세계의 확대가 이자 획득을 목표로 '돈'이 나아갈 새로운 길을 닦아준 것이다.

외환 거래와
동서양의 안트베르펜

안트베르펜에서 개설된 유가증권 거래소

　포르투갈의 아시아 무역, 스페인의 '신대륙' 개발, 북유럽의 해상무역이 활발하게 이루어지는 과정에서 네덜란드의 안트베르펜(앤트워프)이 중요한 도시로 떠올랐다.

　스페인의 카디스항, 포르투갈의 리스본항에서 신대륙과 아시아를 향해 수출된 네덜란드와 독일의 섬유 제품, 북유럽과 러시아의 상품은 안트베르펜 항구에서 적재되었다. 포르투갈이 아프리카 서해안, 스페인이 신대륙에서 모은 금도 안트베르펜을 통해 유럽 각지로 운송되었다. 포토시 은광에서 산출된 연간 30만 킬로그램 은의 상당 부분도 안트베르펜으로 흘러들어 왔다. 시장에 '여유 자금이 흘러넘치자' 안트베르펜에서는 유가증권 거래가 활발해졌다.

과거 유럽 도시에서는 외환 시장에서 환전 거래가 일 년에 네 번 정도 이루어졌는데, 안트베르펜에서는 1531년에 일 년 내내 외환 거래를 하는 유가증권 거래소가 개설되었다. 스페인의 재정을 지배하던 푸거 가문(Fuggers), 리스본에서 아프리카와 신대륙 무역, 아시아 향신료 무역을 지배하던 벨저 가문(Welser)이 안트베르펜에 지점을 냈고, 스페인과 이탈리아 은행가도 대리인을 파견했으며 각국이 앞다투어 재정 담당 관리를 주재시켰다.

안트베르펜 거래소에서는 초기에 상품 거래가 이루어졌는데 차츰 채권 증서 등의 유가증권을 취급하게 되었다. 실물 거래가 증권 거래로 점차 확대된 것이다. 그러나 1568년에 네덜란드 독립전쟁(1568~1609년)이 일어나자 스페인군이 강 입구를 폐쇄했고, 독일과 이탈리아의 은행가가 안트베르펜을 포기하며 안트베르펜은 유럽 경제의 중심 도시라는 지위를 상실했다.

'아시아의 안트베르펜' 국제항 마닐라

포르투갈은 신대륙에서 가져온 값싼 은을 서아시아, 인도, 중국으로 수출하는 매우 유리한 조건을 발판으로 삼아 아시아 무역에 진출했다. 이와미 은광(石見銀山) 개발로 16세기 일본이 세계 3분의 1의 은을 산출하는 주요 은 생산국으로 부상하자, 포르투갈인은 일본의 은을 중국과의 중계무역에 이용했다. 포르투갈은 일본 나가사키현 북서부의 히라도(平戸)에 상관을 개설하고 막대한 이익을 창출했다.

16세기 후반에는 스페인이 멕시코의 아카풀코와 필리핀의 마닐라 사이를 대형 범선인 갈레온으로 정기적으로 연결하는 마닐라·갈레온 무역을 개시하여, 태평양을 횡단해 '신대륙'의 저렴한 은을 대량으로 아시아로 들여왔다. 중국의 견직물과 도자기 등의 상품을 '신대륙'의 값싼 은으로 사들이기 위해서였다. 스페인은 당시 가격혁명을 거치지 않은 아시아와 이미 가격혁명을 경험한 유럽 사이의 은가격 차이를 이용해 짭짤한 수입을 챙겼다.

16세기 '아시아의 안트베르펜' 자리를 꿰찬 마닐라는 아시아의 국제항으로 '신대륙'의 막대한 은이 명(1368~1644년)으로 흘러들어 가는 창구가 되었다. 푸젠성(福建省) 상인들이 대거 타이완해협을 넘어 마닐라로 건너와 비단과 도자기를 스페인의 저렴한 은과 교환했다. 1602년 멕시코시의 계산으로는 약 500만 페소의 은이 마닐라로 넘어갔고, 그중 300만 페소는 포토시 은광에서 채굴한 은이었다고 한다. 포토시 은광의 생산액은 690만 페소다. 50%에 가까운 포토시 은광의 은이 태평양을 건너갔다는 계산이다.

마카오를 창구로 삼은 포르투갈, 마닐라를 창구로 삼은 스페인은 중국으로 향하는 거대한 은의 흐름을 만들어냈다. 17세기에는 일본의 이와미 은광을 포함해 전 세계에서 채굴된 대량의 은이 중국으로 유입되었다.

송나라 시대 이후 은 부족이 심각해지며 동전을 지폐(교자, 교초)로 전환해 '돈' 부족을 극복한 중국에게 있어 은의 유입은 호박이 넝쿨째 굴러 들어오는 상황이나 다름없었다. 중국에서 은은 주화가 아닌 은괴로 유통되었는데, 그 편이 고액 거래에 편리했기 때문이다. 초기에 지폐 발행으로 경제를 지탱하던 명은 은의 대량 유입으로 기존의 동전을 대신해 은(무게로 거래)으로 세금을 징수하게 되었다. 16세기 말 지세와 인두세를 일괄적으로 은으로 징수하는 일조편법이 탄생했다.

고가의 은이 대량의 동전과 교환되며 중화 제국의 골머리를 앓게 하던 은 부족 문제가 단숨에 해결되었다. 세계적 규모의 은 유통이 중국의 '화폐' 시스템을 지폐에서 은과 동전의 조합으로 변모시켰다.

4

네덜란드의 튤립 파동과 동인도회사

청어가 키운 조선업과 네덜란드의 번영

17세기 스페인, 포르투갈을 대신해 해상 패권을 장악한 나라는 네덜란드였다. 상인의 나라 네덜란드는 청어(herring)가 가져다준 부와 우수한 뱃사람, 대량의 어선을 제조하는 과정에서 축적된 조선업을 무기로 패권 확립에 성공했다.

1650년에 네덜란드가 소유한 선박 수는 1만 6,000척, 뱃사람은 16만 3,000명으로 추정된다. 네덜란드는 영국의 4배에서 5배에 달하는 배를 보유했다. 네덜란드가 보유한 선박 수는 영국, 스페인, 포르투갈, 독일 연방을 합친 수를 웃도는 수준이었다.

네덜란드인은 무거운 적재 화물을 운송하기 위해 흘수(수면이 닿는 위치에서 배의 가장 밑바닥 부분까지의 수직 거리-옮긴이)가 얕고 바닥이 평평하며 돛대가 3개 달린 폭이 넓은 선체를 지닌 100톤에서 900톤짜리 배를 만들었다. 이 배 덕분에 다른 나라의 절반 정도의 저렴한 운임으로 화물을 수송해 유럽 바다를 제패할 수 있었다.

네덜란드가 적은 비용으로 화물을 수송할 수 있었던 비결은 효율적인 조선업에서 찾을 수 있다. 네덜란드는 연간 2,000척을 건조할 수 있는 조선 능력을 갖추었는데, 조선 공정을 표준화함으로써 생산 비용을 큰 폭으로 낮추었다. 17세기 말 네덜란드의 선박 건조 비용은 영국과 비교하면 40~50%가량 저렴했다. 저렴한 배가 선주의 부담을 크게 줄여준 것이다.

네덜란드는 유럽에서 '겨울에 먹는 생선'으로 선호하던 몸길이 약 30센티미터에 달하는 생선인 청어를 북해에서 유망(流網) 어업으로 잡아들이는 청어잡이 덕분에 조선업이 발달할 수 있었다. 청어는 14세기 무렵에는 발트해 입구에 자리한 덴마크령의 좁은 해협에 산란을 위해 몰려왔다. 이 청어 떼는 독일 상인의 손으로 소금에 절여졌고 통에 담겨 유럽 각지에서 판매되었다. 독일에 뤼베크(Lübeck)라

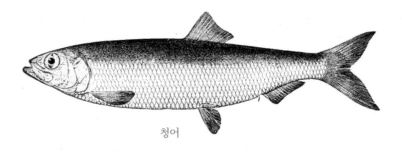

청어

는 도시가 있다. 이 도시는 소금에 절인 청어와 청어를 절일 소금의 매매를 통해 성장했다. 14세기 말에 덴마크 왕이 노르웨이 왕, 스웨덴 왕과 칼마르 동맹(Kalmar Union)이라는 동군연합(동일 군주 아래 두 개 이상의 국가가 결합한 형태 — 옮긴이)을 결성해 사실상 삼국의 지배자가 되었고 청어잡이로 이권을 챙긴 덴마크 왕의 힘이 강해지면서, 뤼베크는 한자동맹의 맹주로 번영을 누렸다.

그런데 변덕스러운 청어가 알 수 없는 이유로 덴마크령으로 산란하러 오지 않게 되었고, 청어 어장은 먼 바다인 북해로 옮겨갔다. 그래서 1월부터 3월에 걸쳐 네덜란드 어선이 북해 어장에서 유망으로 청어를 대량으로 잡아들이게 되었고, 소금이나 식초에 절여 유럽 각지로 판매해 막대한 이익을 벌어들였다.

유럽에는 예수가 황야에서 단식하며 고행한 성경 이야기의 영향을 받아 부활절 전 40일(사순절)은 육식을 금하는 관습이 있었다. 이 사순절 기간에는 온 유럽에서 청어를 식탁에 올렸다. 엄청난 수요에 부응하기 위해 대규모 어업이 이루어졌고 많은 어선이 필요해지며 조선업을 성장시켰다. 암스테르담의 부르주아는 청어잡이로 쌓은 부를 두고 "이 도시는 청어 뼈 위에 세워졌다"라고 자랑스럽게 말했다.

암스테르담 은행의 창설

네덜란드 독립전쟁 당시 스페인의 압정에 반기를 들었던 신교도들과 그들의 동맹을 스페인 왕실에서는 거지 떼(Geuzen, 고이젠)나

다름없이 취급했다. 그러자 네덜란드 신교도들은 아예 바다의 거지 떼(Zee Geusen, 제고이젠)라는 조직을 결성해 해상에서 스페인에 저항했다. 이들의 활약으로 네덜란드가 스페인으로부터 독립을 쟁취하며 네덜란드의 암스테르담이 발전했고 17, 18세기 유럽 최대의 금융 도시로 우뚝 섰다.

당시는 종교전쟁의 시대였기에 각국 정부는 공채를 발행해 전비를 충당했다. 공채와 동인도회사의 주식은 '투기'의 대상이 되었고 주식 거래소에서 활발하게 거래되었다. 이러한 과정에서 '돈'의 유동성이 중요해졌다. 언제 무슨 일이 생길지 모르는 전시에는 비상시에 손쉽게 지급할 수 있는 '돈'을 마련해둘 필요가 있었기 때문이다. 그러나 당시에는 다양한 금화와 은화가 유통되었기에 '돈'의 교환 비율이 복잡한 데다 수시로 변동되어 환전에 엄청난 수고와 시간이 들었다.

당시 네덜란드에서 유통되던 '돈'은 가짓수를 헤아리기 어려울 정도로 참으로 다양했다. 독립한 네덜란드의 7개 주에서 각자 다른 주화를 발행했고, 귀금속 거래 분야에서 최대 입지를 확보한 스페인도 다양한 금화와 은화를 네덜란드에 들여왔다.

암스테르담에서 순도가 다른 다양한 금화와 은화가 유통되었다는 사실은 1606년에 네덜란드 의회가 발행한 '환전상 편람'에 341종의 은화와 505종의 금화가 실린 사실을 보면 확실히 알 수 있다.

이러한 상황에서 1609년에는 암스테르담시를 등에 업은 암스테르담 상업은행이 설립된다. 암스테르담 은행에서는 예금자의 의도에 따라 결제를 위해 타인의 계좌로 예금을 이체할 수 있었다. 예금된 '돈'을 은행에서 기호화하고, 손쉽게 타인의 계좌로 이체할 수 있었던 것이다.

이와 같은 '돈'의 기호화는 엄청난 발명이었다. 암스테르담뿐 아니라 로테르담 등의 도시에서도 같은 기능을 담당하는 은행이 창설되었다.

1602년에 동인도회사가 설립되어 네덜란드 경제를 주도하게 되자 암스테르담 은행은 동인도회사의 단기자금을 조율하게 되었고, 은행과 기업의 유착 관계가 심해졌다. 은행은 예금으로 비축된 '돈'을 기호화해 동인도회사 계좌로 옮겨 투자했다. 은행이 앉은 자리에서 돈을 버는 방식으로 이자를 벌어들이는 구조가 이렇게 완성되었다.

암스테르담 은행은 네 명의 관리자에게 감독 업무를 부여했고, 암스테르담 시장은 해마다 재무 상황을 점검하고 자산 목록을 작성했다.

암스테르담 은행은 예금자가 주화와 금을 맡기면 적은 환전 수수료를 받고 '은행 플로린'이라는 기호화된 '돈'으로 장부의 대변(貸邊) 항에 금액을 기재했다. 예금은 암스테르담시가 보증했고 예금자는 반년에 4분의 1%에서 2분의 1% 정도의 수수료를 부담하기만 하면 그만이었다.

암스테르담 은행은 무료로(1683년 이후 약간의 수수료를 받았다) 예금자의 외환 업무도 대행했다. '돈'의 유통이 눈부신 속도로 효율화되었다. 암스테르담 은행의 계좌 수는 1609년의 730계좌에서 1660년 대에 약 2,000계좌, 17세기 말에는 2,700계좌까지 급증했고 유럽 최대의 '돈' 거래 기관으로 성장했다.

튤립 알뿌리가 투기의 대상이 되었던 '튤립 파동'

네덜란드인은 활발한 경제 활동을 통해 큰 수입을 벌었고 '돈'에 대한 욕망이 점점 부풀어 올랐다. 그러나 손쉽고 빠르게 한몫 챙길 건수는 좀처럼 발견하지 못했다. 벼락부자가 되고 싶다는 마음은 투기를 부르고, 투기는 거품이라는 사회현상으로 이어진다. 결국, 전성기 네덜란드는 세계 최초의 거품과 붕괴를 경험한 국가로 역사에 이름을 남겼다.

현재 네덜란드의 국화인 '튤립(tulip)'이 거품의 방아쇠를 당겼다. 아름다운 튤립이 투기 대상이 된 것이다. 17세기에 유럽 정원에서 가꾸던 꽃 대부분은 지중해 동부에서 들여온 이국적인 품종이었다. 세 대륙을 지배하며 영화를 누리던 오스만제국에서 꽃 재배가 활발하게 이루어졌는데, 특히 튤립은 '궁정의 꽃'으로 사랑받았다. 튤립은 바이러스로 알뿌리에 변이가 생기기 쉬웠는데, 이를 이용한 품종 개량으로 2,000종 이상의 알뿌리가 만들어졌다.

화려한 튤립에 벼락부자가 된 네덜란드인의 마음이 동했고 알뿌리 가격은 미친 듯이 상승했다. 네덜란드 상인은 오스만제국의 이스탄불에 머물며 투기 목적으로 튤립 알뿌리를 경쟁적으로 사들였다.

튤립은 원래 터키어로 '랄레(lale)'라 불렀는데, 16세기 유럽에서는 튤립이 이슬람교도의 터번과 닮았다 하여 터키어로 터번을 뜻하는 '튈벤트(Tulbent)'가 사람들의 입을 거치며 '튤립'이라는 이름으로 바뀌었다.

'돈'의 쓰임새가 넓어지고 인간의 욕망이 '돈'에 투영되면 욕망이 팽창하고 돈은 투기의 대상이 된다. 튤립 재배가 유행하면서 알뿌리를 투기의 대상으로 보는 새로운 비즈니스가 탄생했다. 1634년부터 1637년에 걸쳐 '튤립 마니아'라 불렀던 사람들이 앞다투어 알뿌리에 거금을 투자했고 튤립 가격은 천정부지로 치솟았다.

진딧물에 기생하는 바이러스로 인한 돌연변이가 '브로큰 튤립(Broken tulips)'이라는 반점이 들어간 튤립을 만들어냈는데, 3,000길더라는 터무니없는 값으로 거래되었다는 기록이 있다. 3,000길더는 부유한 상인의 한 해 수입과 맞먹는 액수다. 일반적인 서민은 25년을 뼈빠지게 일해야 벌 수 있는 수입인 6,000길더까지 폭등한 알뿌리도 나타났다.

튤립 알뿌리 거래에는 신용 거래가 많았다. 이른바 선물 거래다. 금융업자는 여러 종류의 튤립 알뿌리를 사들이고 일반 투자자에게 거액의 자금

을 선대(先貸)하고 알뿌리 선물시장을 열었다. 눈먼 돈을 손에 넣으려는 사람들은 집을 담보로 잡고 가축과 가재도구를 처분해 투자했다.

네덜란드 튤립 거품은 1636년 가을에 정점을 찍고 허무할 정도로 빠르게 꺼졌다.

1637년 2월 그때까지 하늘 높은 줄 모르고 치솟던 튤립 가격이 느닷없이 하락하기 시작했다. 가격이 내려가기 시작하자 손해를 입을지 모른다는 공포에서 사람들은 '무조건 팔자'에 나섰고, 튤립 투자가들이 알뿌리를 몽땅 팔며 시상 가격은 대폭락했다. 많은 사람이 재산을 잃었다. 폭락한 알뿌리 인수를 두고 분쟁이 끊이지 않았다. 불난 집에 기름을 들이붓는 격으로 정부가 튤립 거래를 규제하며 튤립 거품은 빠르게 무너져 내렸다.

얄궂게도 튤립 재배는 거품이 붕괴한 후에야 네덜란드에 뿌리를 내렸다. 아름다운 꽃을 피우는 튤립 재배는 오늘날 네덜란드의 주요 산업으로 알뿌리는 외화벌이의 귀중한 수단이 되고 있다. 거품이란 열매를 맺지 않는 꽃이다.

참고로 거품(bubble)이라는 용어는 나중에 다시 소개할 18세기 후반에 유럽 경제를 이끌었던 런던에서 일어난 남해회사 거품 사건에서 비롯된 말이다.

세계 최초의 주식회사, 동인도회사

'욕망의 해방'과 경제적 합리성은 복잡하게 얽혀 있다. '욕망의

'해방'이 투기로 나타난다면 경제적 합리성 추구는 투자로 이어진다. 그리고 투자를 시스템으로 구축해 활용하는 방식이 주식회사다.

네덜란드인은 거품경제를 탄생시켰고 한편으로 주식회사라는 새로운 시스템을 고안해 세상에 내놓았다. 거래소에서 거래되는 주식으로 자금을 모으는 전형적인 주식회사로 우리가 아는 동인도회사를 들 수 있다.

'주식'은 유한책임으로 투자를 사회에 투입하는 적절한 도구다. 주주는 중세 사회에서 금지하던 이자를 심리적 거부감 없이 안정적으로 벌어들일 수 있다. 그러나 동인도회사에는 현재의 주식회사의 주주총회에 해당하는 조직이 없었고, 이사진이 독선적으로 경영했다.

주식회사(corporation / Joint Stock Company)란 이윤 추구를 목적으로 주식을 발행한다. 주식으로 투자자의 책임을 유한하게 만들고, 리스크를 줄여 자금을 모으기 쉬운 조직이 주식회사다. 주식은 물론 자유롭게 전매할 수 있다. 당시 범선 무역은 엄청난 위험을 동반했기에 출자자가 자신이 제공한 자금에 책임을 한정하는 게 필요해 만들어진 시스템이다.

1602년에 등장한 동인도회사(Vereenidge Oost-Indische Compagnie, 약칭 VOC)는 희망봉에서 마젤란해협에 이르는 광대한 지역에서 무역, 식민, 군사 독점권을 얻었다. 동인도회사는 일약 네덜란드 경제의 중심으로 떠올랐다. 네덜란드 동인도회사는 650만 플로린(소유주 암스테르담이 370만 플로린)의 자본을 모아 발족했다.

동인도회사는 다수의 무장 선박과 강력한 해군력을 등에 업고 포르투갈(당시 스페인 왕이 포르투갈 왕을 겸했다)의 무역 네트워크를 빼앗아 자바, 수마트라, 말루쿠(향신료)제도, 말라카, 실론(오늘날의 스리랑카) 등을 자사 세력권에 편입시켰다.

1619년 동인도회사는 자바의 바타비아(Batavia)에 거점을 구축하고 말루쿠제도, 셀레베스섬, 순다열도, 말라카, 시암(Siam, 오늘날의 태국), 실론섬, 인도 동해안 및 서해안에 지점을 설치한 뒤 정향(Clove), 육두구(nutmeg), 시나몬(cinnamon) 등의 거래를 독점하여 엄청난 이익을 챙겼다.

이런 연유로 1년에 3.5%의 이자를 지급하기로 한 동인도회사의 주식 배당은 규정을 훨씬 웃돌아 1606년에는 무려 75%으로 치솟았다. 동인도회사에 투자하면 거금을 벌 수 있다는 소문이 퍼지며 불과 6년 사이에 투자액은 4.6배로 불어났다. 1602년부터 1696년까지 동인도회사가 지급한 배당은 연평균 20% 이상으로, 때로 50%를 초과하기도 했다.

전성기인 1669년에 동인도회사는 전함 40척, 상선 150척, 1만 명의 군대를 거느린 대기업으로 성장했다.

네덜란드의 주식회사, 유가증권 거래소, 외환은행을 하나로 묶은 근대적 경제 시스템은 새로운 '돈'이 활약할 수 있는 세계를 만들어냈다. 후발 주자로 뛰어든 영국, 프랑스 등은 이 시스템을 부지런히 흉내 내게 된다.

5

영국에서 시작된
거품경제

모직물과 사략선으로 번영한 영국

대서양 세계에서 상업이 성장하자 유럽에서 생산하는 모직물 수출이 늘어났다. 중세 이후 유럽의 양모 생산 중심지는 영국이었고, 모직물 공업과 가공 산업의 중심지는 플랑드르 지방(오늘날의 벨기에)이었다. 이 두 지역은 이 시기 눈부시게 성장했다.

14세기 영국은 플랑드르 지방의 기술을 배워 모직물 공업을 육성했고, 16세기에는 품질이 우수하고 폭이 넓은 모직물 제조에 성공했다. 농촌 지대에서도 대규모로 저렴한 모직물을 생산할 수 있게 되었다. 모직물 산업이 번영하면서 영국은 금융 분야에서도 네덜란드를 따라잡아 차츰 앞지르기 시작했다.

영국은 패권 장악을 위한 다툼에서 새로운 도전자로 나섰다. 초기에는 사략선(국왕에게 적국 배를 공격할 권리를 승인받은 일종의 해적선)으로 대서양에서 은을 수송하는 스페인 선박을 습격했다. 1588년에는 스페인이 영국 타도를 내걸고 배 130척, 승조원 1만 명, 육군 1만 7,000명으로 구성한 '무적함대(Grande y Felicísima Armada)'마저 도버해협에서 격파하였고 이후 영국은 유럽의 바다를 제패하게 되었다.

17세기 후반에는 네덜란드와의 사이에서 3차에 걸친 영국-네덜란드 전쟁(Anglo - Dutch Wars, 1652~1654년, 1665~1667년, 1672~1674년)이 치러졌다. 영국이 자국 해역에서 네덜란드 배의 청어잡이에 세금을 부과한다는 게 전쟁의 이유 중 하나였다. 영국 정부가 세금을 부과하지 않더라도 네덜란드의 청어잡이는 이미 내리막길에 접어든 참이었다. 경제 성장을 전면에 내세우며 군비를 극도로 절감하던 네덜란드는 해군 확충에 힘쓰던 영국에 패배할 수밖에 없었다. 네덜란드의 '청어'가 영국의 '양'에게 패한 것이다.

거품의 어원이 된 남해회사 거품 사건

'주식'을 자유 양도의 원칙에 따라 시장에서 거래하게 되자 주가 변동을 이용한 투기가 극성을 부리기 시작했다. 투자와 투기는 종이 한 장 차이다. 영국의 경제 성장기에 주식 투기로 생긴 거품과 그 거품의 붕괴를 보여주는 사건이 남해회사 거품 사건이다.

1711년에 런던에서 설립된 남해회사(The South Sea Company)는 주식을 발행해 얻은 자금으로 영국 국채를 인수하고 그 대가로 영국 정부로부터 남미의 동서 해안(남해안)과 아프리카 각지에서의 무역 특권을 인정받았다. 당시 영국 정부는 루이 14세의 세력 확장을 막기 위해 참전한 스페인 왕위 계승 전쟁(1701~1713년)에서 진 빚을 갚느라 허덕이고 있었다.

남해회사는 결국 스페인 왕위 계승 전쟁으로 영국이 얻은 스페인 식민지에서의 노예무역 독점권을 따냈고, 상당한 수익을 올릴 전망이었다. 남해회사는 국가 재정 악화를 벌충하기 위해 1720년에 국채 인수액을 늘렸다. 그러나 거액의 국채를 사들이려면 자사주를 비싼 값에 매각해 국채 매입 자금을 확보할 필요가 있었다.

남해회사는 추가 국채 인수 자금을 확보하려고 총리, 장관 등에게 주식 매매 권리(스톡옵션) 형태로 뇌물을 제공했고, 신주 발행 가격의 자유 결정권을 손에 넣었다.

국채를 인수하는 대신 남해회사가 주식을 자유롭게 발행한다는 내용의 안건이 의회를 통과하자 하루아침에 남해회사의 주가가 폭등했다. 미래 주가 상승을 기대한 투기꾼들이 기승을 부렸다. 연 6%의 이자를 보증하는 100파운드 주식에 1,000파운드 이상의 값이 매겨졌다. 반년 만에 거의 10배로 주가가 치솟으며 자고 일어나면 주가가 오르는 날이 반복되었다. 회사는 막대한 이익을 챙겼다.

남해회사의 성공이 알려지며 땅 짚고 헤엄치는 식으로 돈을 벌려는 목적으로 투기를 부추기는 수상한 회사가 줄줄이 설립되었고, 사람들은 이에 질세라 투기에 열을 올렸다. 투기에는 사람들의 심리가

남해회사 거품 사건을 다룬 카드

크게 반영된다. 욕심에 눈이 먼 사람들은 조만간 발견될 큰 사업을 주도할 회사라고 주장하는 수상한 회사에 묻지 마 투자에 나섰다.

그러나 거품을 일으킨 장본인인 남해회사는 정작 고수익을 낼 만한 경영 실적을 보여주지 못했다. 1720년에 정부가 남해회사의 특권을 보호하는 법률을 제정했지만 거품은 꺼졌고, 주가는 고작 석 달만에 1,050파운드에서 125파운드로 곤두박질쳤다. 투기로 쌓은 기반은 사소한 심리적 계기로 와르르 무너진다. 남해회사의 뒤를 이어 설립된 다른 유령회사도 줄줄이 도산했고 투자가는 막대한 손실을 감내해야 했다.

이 사건 후 영국에서는 주식회사에 대한 이미지가 나빠졌다. 주식회사가 사회에 위해를 가하는 사기꾼 집단이라는 인식이 생겼고, 자라 보고 놀란 가슴 솥뚜껑 보고 놀란다고 주식회사라는 말만 보고도 과도하게 신경을 곤두세우고 경계하는 분위기가 퍼져 나갔다. 사회에 위해를 가하는 주식회사에 과도한 경계감이 팽배했다. 사태는 극에서 극으로 치달았다. 거품이 무너진 후 회사 설립에는 수많은 제제가 생겨났고, 회사 설립이 거의 불가능한 상태에 이르렀다.

1720년에 거품을 방지한다는 목적으로 유령회사 제한법(Bubble ACT)이 제정되었고, 7명 이상의 출자자로 이루어진 주식회사는 의회의 승인 또는 국왕의 특허를 받아야 했다. 1825년에 이 조례가 폐지될 때까지 영국에서는 사실상 주식회사 설립이 불가능해진다. 영국의 산업혁명은 주식회사 설립이 불가능한 상태에서 시작되었다. 남해회사 거품 사건은 그야말로 민중의 무지와 욕망을 이용한 한 편의 심리극이었다.

존 로와 프랑스에서 발행된 유럽 최초의 지폐

거품은 도버해협 건너 프랑스로도 번져 나갔다. 루이 14세는 유럽 최강의 군대를 만든다며 막대한 군비를 지출했고, 웅장한 베르사유 궁전을 건설하느라 국고를 소진했다. 그 와중에 다른 나라와 전쟁을 되풀이하느라 재정을 극단적으로 악화시켰다. 루이 14세 사후 프랑스의 재정은 파탄 직전이었다. 채무가 약 30억 리브르(livre)인데 세입은 고작 8,000만 리브르에 불과했다. 국고가 텅 비었다.

파탄 직전에 내몰린 프랑스의 재정 재건을 맡은 사람은 결투로 사람을 죽이고 살인범으로 수배되어 프랑스로 도피한 스코틀랜드 귀족이자 도박꾼인 존 로(John Law, 1671~1729년)였다.

존 로는 네덜란드의 암스테르담 은행에서 금융을 공부하고 프랑스에서 '돈'을 불리는 거대한 사업체를 세울 계획이었다.

존 로는 도박판에서 익힌 경험을 바탕으로 상품 가격은 희소성에 따른다는 믿음을 얻었다. 상품 가격은 수요와 공급 관계에 따라 결정되고 사람들은 욕망에 몸을 맡긴다. 사람들이 욕망이 시키는 대로 어떤 상품을 사려고 하면 그 상품 가격은 오를 수밖에 없는 것이다.

금화와 은화가 값이 비싸 '돈'으로 쓰이는 게 아니라 값이 나간다고 믿기에 '돈'으로 사용될 수 있다는 게 존 로의 지론이었다. 존 로는 설령 종잇조각에 불과할지라도 국민이 값어치가 있다고 믿으면 '돈'으로 유통되고 경제 실태와 맞아떨어지면 '돈'이 불어나고 거래도 증가한다고 확신했다. 금, 은의 산출량에는 제한이 있기에 금화와 은화 발행에도 제한이 있고 경제 확대에 걸림돌로 작용한다. 그는 금과 은을 '종잇조각'인 지폐로 바꾸는 '증권화' 기법을 적용하면 경제 규모를 얼마든지 키울 수 있다고 생각했다. 채권을 증권화해 신용을 늘리는 현대의 헤지펀드 수법과 일맥상통하는 부분이 있다.

존 로는 루이 15세의 섭정인 오를레앙 공에게 접근했다. 그리고 1716년에 형제와 함께 지폐 발행권이 있는 자본금 600만 리브르의 뱅크 제너럴(Banque Generale)을 설립하고, 프랑스에서 최초의 지폐 발행에 착수했다. 뱅크 제너럴은 2년 후에는 뱅크 로열(Bank Royale)로 국영화된다. 존 로의 아이디어를 프랑스 정부에서 채택한 셈이다.

존 로는 지폐를 대량으로 발행하면 경제 규모를 확대하고 경제를 활성화할 수 있다고 생각했다. 우선 국민이 지폐에 익숙해지게 만드는 과정이 필요했다. 그는 지폐로 세금을 내는 제도를 적극적으로 추진했다. 민중에게 지폐의 가치에 대한 믿음을 심어주기 위해서였다.

또 지폐를 활용해 국유재산의 자산 가치를 상승시키려 시도했다. 존 로는 루이지애나의 식민지 개발을 담당하는 미시시피 회사(Mississippi Company)를 설립했다. 미시시피 회사는 존 로의 은행에서 지폐를 빌려 귀족이 보유한 국채를 사들였고, 귀족에게 미시시피 회사의 주식 권리를 팔았다. 쉽게 말해 귀족은 가격이 내려간 국채를 내놓고 유망한 미시시피 회사의 주식을 손에 넣게 되는 누이 좋고 매부 좋은 거래인 셈이다.

존 로의 노림수는 제대로 효과를 발휘했다. 미시시피 회사의 주식은 단기간에 폭등했고, 1,000리브르의 주가가 1만 리브르 넘게 올랐다. 주주는 거액을 벌어들였다. 백만장자(Millionaire)라는 단어가 이때 생겨났다.

1719년에 미시시피 회사는 인도 회사(Compagnie des Indes)로 이름을 바꾸었고, 희망봉 너머의 인도, 중국 무역의 배타적 독점권을 획득하고 9년 동안 '돈'을 찍어내는 독점권도 따냈다. 또 담배 소작 계약, 직접세 징수, 간접세 징수권의 대차 등의 광범위한 권한을 차례로 얻어냈다.

프랑스 정부에서 경제적 수완을 인정받은 존 로는 이윽고 재무장관으로 승진했다. 수배자 신분으로 대륙에 건너온 그로선 엄청난 출세였다. 그러나 주가는 주식에 대한 수요와 공급 관계로 상승했을 뿐이다. 회사의 식민지 사업은 적자 행진을 계속했고 확실한 수입원은 국채 이자밖에 없었다. 경영 실적을 내지 못해 수익은 미미했다.

1720년 왕립은행 관리를 인도 회사에 위탁한다는 포고가 나오자 은행권(지폐)에 대한 신뢰가 흔들렸고, 은행권을 주화로 바꾸려는 사람들이 은행으로 몰려들며 아수라장이 벌어졌다. 대규모 예금 인출 사태가 발생했다. 불안은 꼬리에 꼬리를 물고 뒤따랐고 폭동까지 발생했다. 투기는 도박으로, 심리적 요인에 상당 부분을 의존한다. 존 로의 회사가 유령회사나 다름없다는 소문이 돌자 불안이 퍼져 나갔고 주가는 폭락했다.

존 로는 몰래 프랑스를 탈출해 벨기에의 브뤼셀로 망명했다. 1712년에는 존 로가 설립한 회사의 전체 주식 폐기가 결정되었다. 화려한 거품이 허무하게 꺼진 것이다. 실의에 빠진 존 로는 1729년에 베네치아에서 궁핍하게 살다 생을 마감했다.

경제학자인 존 케네스 갤브레이스(John Kenneth Galbraith)는 『돈: 어디에서 와서 어디로 가는가(Money: Whence It Came, Where It Went)』라는 책에서 생시몽 공작이 풍부하게 암시한 글을 소개했다.

"미시시피 계획이라는 망상, 주식회사의 구상, 전문적인 용어, 벼룩의 간을 빼먹는 악랄한 수법 등이 이런 종류의 회사가 지닌 특징이라면 주식회사라는 이 기구 전체는 금광도 현자의 돌도 가지지 못한 이상, 필연적으로 붕괴할 수밖에 없다. 그리고 사실상 이것은 현실에서 벌어진 일이다."

6

어마어마한 돈을 탄생시킨
설탕과 노예

노예무역과 명곡 <어메이징 그레이스>의 탄생

오늘날 '돈'에 의해 움직이는 자본주의 시스템은 대서양 세계에서 탄생했다. 유럽인이 만들어낸 대서양 상권이 자본주의 경제를 낳은 것이다. 대서양 상권을 먹여 살린 효자 상품은 목돈 마련에 제격이었던 설탕이었다. 설탕은 브라질과 서인도제도가 주산지로, 이들 지역에서는 유럽에서 들어온 전염병이 창궐하여 선주민 인구가 급감해 노예무역이 설탕 생산과 밀접하게 연관되었다.

18세기에 카리브해에서 설탕의 생산이 큰 폭으로 늘어나 설탕은 사치품에서 일용품으로 변신했다. 설탕 생산이 늘자 노예무역의 규모가 덩달아 커졌다. 노예무역은 영국의 리버풀 항구를 중심으로 이루어졌는데, 이곳에서는 노예무역이 손쉽게 한몫 챙길 수 있는 괜찮은 일자리로 여겨졌다. 설탕 생산을 주로 흑인 노예가 담당했기에, 노예무역이 설탕 생산에서 '돈'을 벌기 위한 바탕이 된 것이다.

18세기 영국에서 만들어진 명곡 〈어메이징 그레이스(Amazing Grace)〉와 유명한 해양 소설 『로빈슨 크루소』는 노예무역과 밀접한 관련이 있다.

1725년에 런던에서 태어난 존 뉴턴(John Newton)은 20대 초부터 30세까지 노예무역에 종사했고 25세 때부터 노예선 선장이 되었다. 1748년 3월 12일 거센 폭풍우와 맞닥뜨린 존 뉴턴은 화물로 실은 노예를 점검하기 위해 선창에 내려갔다. 선창에서 존 뉴턴은 콩나물 시루처럼 빽빽하게 실린 상태에서 선 채로 쇠고랑을 차고 굴비 두름 엮듯 줄줄이 묶인 흑인 노예의 공포와 고통으로 일그러진 얼굴을 목격했다. 그 순간 그는 자신의 죄를 깨달았다.

노예무역에서 손을 씻은 존 뉴턴은 영국 국교회 목사로 거듭났고 55세에 찬송가인 〈어메이징 그레이스〉 가사를 썼다. 이 노래는 가난한 이민자의 노래로 대서양을 건넜고 미국의 초기 민족 음악 멜로디에 실려 남부 흑인 사이에 삽시간에 퍼져 나갔다. 기이한 운명을 겪은 노래였다. 노예 제도의 비참함을 쓴 해리엇 비처 스토의 『톰 아저씨의 오두막(Uncle Tom's Cabin)』에도 이 찬송가가 실려 있다. 이후 〈어메이징 그레이스〉는 남북전쟁 당시 북군 병사들의 입을 통해 북부로도 전해졌다.

이 노래는 제2차 세계대전 시기에 미국 전역에 퍼져 '제2의 국가'

로 자리매김했다. 죽음과 마주하는 불안한 시대에 〈어메이징 그레이스〉는 심금을 울리는 노래로 많은 젊은이의 마음을 사로잡았다. 이 노래는 신기하게 사람들의 마음을 울리는 매력이 있다.

소설가 대니얼 디포(Daniel Defoe, 1660~1731년)가 1719년에 쓴 『로빈슨 크루소』라는 해양 소설도 노예무역과 떼려야 뗄 수 없는 관계에 있다. 원제는 『요크의 선원 로빈슨 크루소의 생애와 이상하고 놀라운 모험(The Life and Strange Surprising Adventures of Robinson Crusoe of York)』이라는 긴 제목으로, 우리에게는 『로빈슨 크루소』라는 제목으로 잘 알려져 있다. 이 이야기의 주인공 로빈슨 크루소는 배가 풍랑에 휘말려 좌초되어 무인도에 표류한다. 그는 불굴의 정신으로 27년 2개월 동안 무인도에서 버티며 생활을 개척했다.

로빈슨 크루소는 신의 가호를 믿으며 인간의 지혜로 역경을 헤쳐낸 전형으로 19세기 이후 교과서와 아동 서적 등에 많이 실렸다. 그러나 그가 애당초 무슨 목적으로 항해에 나섰는지는 이야기하지 않는다. 소설 속 로빈슨 크루소는 브라질에서 농장주가 된 영국인으로, 농장에서 부릴 노예가 부족해 노예를 사기 위해 아프리카 기니로 향하는 배에 올랐고, 1659년에 무인도에 표류한 것으로 나와 있다. 우리는 이 책이 노예무역이 당연하던 시대의 소설임을 잊고 있지는 않을까.

설탕 투기에서 시작된 자본주의

설탕 생산은 시설, 도구, 가축, 노예, 노예의 식량 등을 농장주가 모조리 화폐로 사들여 설탕을 만든 뒤 유럽 시장에 내다 파는 구조로 돌아갔다. 말하자면 모든 것이 '돈'으로 순환하는 경제 시스템이라고 할 수 있다. '돈'이 자본으로서 대규모로 자기 증식하는 시스템, 쉽게 말해 돈이 새끼를 쳐서 돈을 낳는 시스템이 이 시기 설탕 산업에서 개발된 것이다.

사탕수수(sugar cane)는 포르투갈 식민지인 브라질에서 최초로 재배되어 17세기에 들어서면서 남미와 카리브해 연안으로 퍼져 나갔다. 네덜란드인은 가이아나에서 사탕수수 재배를 시작했고, 영국인과 프랑스인은 카리브해의 서인도제도로 진출해 재배하기 시작했다. 사탕수수를 재배하는 플랜테이션 농장이 덩치가 커져 대규모 사업체로 발전하자 설탕은 사치품에서 대중적 기호품으로 모습을 바꾸었다.

예전에 설탕은 사회적 지위를 상징하는 매우 귀중한 조미료로 서민에게는 그림 속의 떡이나 다름없는 동경의 대상이었다. 그래서 설탕 가격이 내려가자 높은 지위를 원하는 사람들이 불 속에 뛰어드는 불나방처럼 설탕으로 아귀아귀 덤벼들어 설탕 소비량이 급증했다. 상품에서 상징과 이미지가 얼마나 중요한지를 새삼 깨닫게 해주는 사건이다.

영국의 1인당 설탕 소비량은 1600년에는 연간 400~500그램이었다가 17세기에는 약 2킬로그램, 18세기에는 약 7킬로그램으로 껑충 뛰어올랐다. 그러나 아무리 고급스러운 상품이라고 해도 설탕 사용량에는 한계가 있다. 그래서 설탕에 어울리는 친구로 찰떡궁합인 또 다른 상품을 찾아낼 필요가 있었다. 여러 후보가 물망에 올랐다. 원래 이슬람 세계의 음료였던 커피와 중국의 차가 설탕의 새로운 단짝 역할을 맡게 되었다.

설탕은 아시아에서 온 커피와 홍차의 단짝이 되어 수요가 증가했다. 지금도 설탕 소비량은 증가하는 추세다. 설탕은 청량음료, 스낵 과자, 가공식품 등에 다양하게 이용된다. 설탕 생산량은 밀가루, 쌀 등의 주요 곡물보다 많다.

17, 18세기에 '신대륙'의 대농장(플랜테이션)에서 우리는 자본주의 경제가 성장하는 모습을 발견할 수 있다. 중상주의 정책에 따라 '신대륙' 식민지에서는 공업 생산이 용인되지 않았고, 유럽은 신대륙에 유리한 조건으로 공업 제품을 팔아치워 막대한 부를 축적했다.

설탕 생산이 가져온 막대한 이익

사탕수수가 여물어 수확하려면 1년 반이라는 기간이 필요하다. 농장주(플랜터)는 심는 시기를 조절해 연속적으로 수확할 수 있었다. 그런데 사탕수수는 수확하고 난 후에 급속히 단맛이 떨어져 단기간에 집중적으로 가공해야 한다. 그래서 많은 노동력이 필요했다. 아메리카 선주민 인구가 줄어들어 흑인 노예 확보가 농장 경영의 필수 조건이었다.

노예만 확보하면 사탕수수 재배로 막대한 수입이 보장되었다. 당시 설탕 플랜테이션은 100명 정도의 노동력으로 연간 80톤의 설탕 생산이 가능했다. 1645년 바베이도스의 어느 영국인 농장주가 쓴 편지에 따르면 흑인 노예는 1년 반만 부려도 본전을 찾을 수 있었던 모양이다.

서유럽의 무기, 일용품, 잡화가 서아프리카에서 노예와 교환되었고 서유럽의 수공업 제품과 함께 신대륙으로 보내져 설탕, 담배 등의 농산물과 교환되는 '삼각무역'이 성장했다. 대서양을 사이에 둔 대규모 상품 거래는 주도권을 쥔 서유럽에 어마어마한 '돈'을 가져다준 황금알을 낳는 거위였다.

7

런던에서 시작된
근대 보험과 근대 은행

대서양 무역과 해상보험

17세기 후반에 접어들자 영국이 대서양 무역의 주도권을 장악했다. 템스강에는 수많은 범선이 오갔고 런던은 유럽 경제의 심장으로 거듭났다. 템스강은 조수 간만의 영향을 크게 받는 강이라 런던에 이르는 강변에는 범선이 정박하고 계류하기 위한 수많은 독(dock)이 설치되어 대서양 상권의 중심 기능을 강화했다.

가끔 케이블 텔레비전에서 영국에서 여름에 연례행사처럼 열리는 프롬스(Proms)를 방영해줄 때가 있다. 프롬스라는 단어는 몰라도 돗자리를 깔고 앉아 술을 마시며 자유롭게 음악을 즐기는 장면을 본 적이 있을 것이다. 프롬스란 정식으로는 'Henry Wood Promenade concerts'라고 부르며, 1895년에 작곡가 헨리 우드가 노동자 계급에도 가볍게 음악을 즐길 수 있는 장소를 마련해주자는 취지에서 시작한 콘서트다. 이 콘서트는 런던의 로열 앨버트 홀을 행사장으로 삼아 매년 여름 두 달에 걸쳐 개최되는데, 마지막 날 밤 열리는 음악회는 BBC에서 방영해준다.

이야기가 잠시 곁길로 샜는데, 어쨌든 이 콘서트의 클라이맥스 장면에서 런던 시민이 연합 왕국의 국기를 흔들며 자랑스럽게 부르는 노래가 제2의 국가라 할 만한 〈룰 브리타니아(Rule, Britannia!)〉다.

가사를 살펴보면 다음과 같다.

브리튼이 하늘의 뜻에 따라

망망대해에서 솟아났을 때

이 땅에 내려진 헌장이 있었다네.

그리고 수호천사들이 이 선율을 노래했다네.

"지배하라, 브리타니아! 파도를 지배하라!

영국인은 결코 노예로 살지 않으리라."

(When Britain first, at Heaven's command

Arose from out the azure main;

This was the charter of the land,

And guardian angels sang this strain:

"Rule, Britannia! rule the waves:

Britons never will be slaves.")

이 노래의 가사는 1740년에 초연된 가면극 〈알프레드(Alfred)〉에 삽입곡으로 쓰이다가 해양 제국 영국을 상징하는 노래로 자리 잡았다.

그런데 '투자'와 '투기'에는 뜻하지 않은 손해가 따르게 마련이다. 예기치 못한 재난이 발생했을 때는 손해를 대신 부담해주는 보증 시스템이 필요하다. 헤지(hedge), 즉 손실과 위기 등을 방지하고 손실의 대가로 '돈'을 받을 수 있는 시스템이 보험이다. 보험은 투자에 사용되는 '돈'에 불안정성을 제거하고 안정감을 부여하는 원리였다. 보험은 변형된 '돈'으로 간주할 수 있다.

수많은 선박이 런던에 엄청난 양의 물자를 실어 나르며 전 세계 물자가 영국으로 집중되자 해난 사고로 인한 손해를 보상하는 시스템 개발이 시급한 문제로 닥쳤다. 배가 손해를 입었을 때는 '선박 보험', 화물이 손해를 입었을 때는 '화물 보험'이 필요했다. 이 둘을 통합해 '해상보험(Marine Insurance)'이라 부른다.

해상보험은 17세기 엘리자베스 1세(재위 1558~1603년) 여왕 시대부터 런던에 있었는데, 17세기 후반부터 18세기에 유럽 경제의 주도권을 영국이 잡은 시기에 체계를 갖춘 로이즈(Lloyd's) 보험이 탄생했다.

지금도 세계 각국의 선박이 가입하는 해상보험의 중심지는 런던이고, 최대 보험을 인수하는 조직이 바로 로이즈다. 해운업이 매우 발달한 영국에서 현재도 선적 지표로 중시되는 발틱 해운거래소(Baltic Exchange)도 이 시대에 발족했다.

보험에는 화재보험, 생명보험 등이 있는데, 이런 보험의 발상지도 런던이다. 보험 제도와 도시 활동의 활성화는 긴밀하게 연관되어 있다. 현대의 보험 제도가 네덜란드를 대신해 유럽의 패권 국가로 올라선 영국에서 시작된 이유이다.

보험은 앞으로 일어날 수 있는 사건 사고로부터 발생할 손실을 예상하여 보상해주는 시스템으로, 많은 인력과 조직이 동원되어 확률을 계산하고 협력해야 했다. 왕성한 경제 활동에 뒤따른 해운 리스크와 과밀 상태의 도시 생활로 인한 리스크가 보험을 만들어낸 것이다.

커피하우스에서 시작된 해상보험

보험은 커피와 커피를 마시는 공간인 '커피하우스'에서 시작되었다고 해도 과언이 아니다. 커피를 마시는 습관은 17세기에 이슬람 세계에서 유럽으로 전파되어 순식간에 유럽 각국으로 퍼져 나갔다. 영국에서도 커피하우스가 문을 열었고 17세기에는 런던의 커피하우스 수가 무려 3,000개에 달할 정도로 커피를 즐기는 문화가 꽃을 피웠다.

커피하우스는 사람들이 담소를 나누거나 토론하거나 쉬는 공간으로 문전성시를 이루다 차츰 정보 교환의 장으로 활용되었고 정치 활동 등 각종 집회 장소로 이용되었다. 찰스 2세(재위 1660~1685년)는 국왕 반대 세력을 제압하기 위해 1675년 12월에 커피·홍차 하우스 금지령을 내렸다. 국왕의 칙령에 국민은 거세게 반발했고 그 기세에 눌린 찰스 2세는 불과 11일 만에 커피·홍차 하우스 금지령을 철회하기

로이즈 커피하우스의 19세기 그림

에 이른다.

세계적 수준의 개인 회원제 선박 보험업자 집단 로이즈는 17세기 후반 런던항 근처에 개업한 로이즈 커피하우스에서 시작되었다. 당시 항해에는 수많은 위험이 도사리고 있었고, 항해에 따르는 리스크를 회피하려면 선박 보험이 필요했다. 배의 소유자, 보험업자, 선원을 고용한 상인 등이 커피하우스에 모여 해상보험을 거래했다.

커피하우스 주인이었던 로이즈가 1713년에 세상을 떠나자 커피하우스에서 보험 업무를 분리해 독립한 보험 인수업자들이 선박 보험업자 집단인 '로이즈'를 결성했다. 18세기는 영국이 세계 각지에 해외 거점을 만들던 시기로, 런던으로 세계 곳곳의 항해 정보가 집중되었다. 항해의 위험률을 예상하는 작업의 정확도가 높아지면서 해상보험 분야에서 영국은 부동의 지위를 차지하게 되었다.

환전상에서 근대 은행으로

모직물 산업과 해운업의 번영을 바탕으로 런던은 국제 금융 업무의 중심지로 발전했다. 제1차 세계대전 후에 세계 금융의 중심이 미국 뉴욕의 월가(Wall Street)로 옮겨갈 때까지 세계 금융의 중심은 런던 중심부에 위치한 롬바드가(Lombard Street)였다.

롬바드가라는 지명은 14세기에 이탈리아의 롬바르디아(수도 밀라노) 지방의 대부업자들이 이주해 긴 탁자(bench)를 놓고, 담보를 받고 돈을 빌려준 데서 유례했다. 독일에서도 은행가는 'Bankier'라 부르는데, 북이탈리아인이 유럽 전역에서 상업과 은행업을 벌였다는 사실로 어원을 미루어 짐작할 수 있다.

도쿄역 앞의 마루노우치 빌딩 거리는 미쓰비시가 런던의 롬바드가를 본떠 붉은 벽돌 거리로 건설한 것이라 하는데, 오늘날의 롬바드가는 런던 어디서나 볼 수 있는 흔한 뒷골목의 모습이다.

영국에서는 한 편의 드라마처럼 은행이 탄생했다. 청교도혁명 전날 밤인 1640년의 일이다. 런던의 상인들이 금화와 은화 등의 귀금속을 당시 조폐소가 있던 런던탑에 맡겼다. 그런데 의회와 대립하며 재정난에 시달리던 국왕 찰스 1세가 13만 파운드에 달하는 귀금속을 압류한다. 왕은 4만 파운드의 대출을 조건으로 귀금속을 반환했는데 결국 대출금은 갚지 않았다.

정부를 신뢰할 수 없게 된 런던 상인들은 오랫동안 중심가에서 환전업을 하던 골드스미스(Goldsmith, 금 세공사)에게 화폐를 맡기게 된다. 골드스미스는 화폐를 맡으면서 베네치아 은행을 본떠 예금 증서를 발행해주었다. 그리고 예금 증서는 같은 액수의 '골드스미스 어음'이라는 보조권으로 분할하기에 이른다. 일종의 화폐였다. 편리한 '골드스미스 어음'은 '돈'보다 광범위하게 유통되었다.

골드스미스는 예금자가 청구하면 '돈'을 돌려주었지만, 대체로 많은 '돈'이 여전히 수중에 남아 있었다. 그래서 골드스미스는 남은 '돈'을 단기로 빌려주거나 어음을 할인해주는 데 쓰거나 했다. 골드스미스가 보관하는 '돈'이 예금과 대출 보증 역할을 하게 된 셈이다.

18세기 후반에 대서양 세계의 패권을 거머쥔 영국은 환전 등의 국제적 은행 업무가 필요해 은행 기능을 확장했다. 그때 유럽 본토에서 이주한 베어링(Baring), 로스차일드(Rothschild), 슈뢰더(Schröder) 등의 상인들이 유럽 각지에 가진 넓은 정보망을 이용해 활약했다. 그들은 상업은행(merchant bank)의 형태로 국제적인 은행 업무를 담당하게 되었다.

도시 생활의 불안과 화재·생명보험

오늘날 '화재보험(Fire Insurance)'의 기원도 과밀화된 거대 도시 런던에서 찾을 수 있다. 1666년 런던 대화재 이듬해에 니컬러스 바본(Nicholas Barbon)이라는 의사가 미래에 일어날 수 있는 재해로 인한 시민의 부담을 덜어준다는 목적으로 개인 출자로 건물에 대한 화재보험 사업을 시작했다. 과밀화한 도시에는 대규모 화재에 대한 불안이 떠나지 않았다.

화재보험업은 도시가 지닌 결점을 보완하는 사업이었다. 그래서 '돈'을 적립해 불의의 사고가 일어났을 때 수취하도록 하는 보험은 뜻밖에 많은 수익을 창출했고, 1680년에는 본격적으로 화재보험 사업이 시작되었다. 보험회사는 보험금을 최대한 적게 주려고 소방대를 편성했고 시내 소화 활동에도 나섰다. 참고로 산업혁명 후인 1865년에는 런던 메트로폴리탄 소방대가 조직되어 근대적인 소방 체제가 갖추어졌다.

근대적 '생명보험(Life Insurance)'도 마찬가지로 영국에서 시작되었다. 사망자를 매장할 때 공동체 구성원이 상부상조하는 관습은 세계 각지에서 찾아볼 수 있다. 인간관계가 삭막한 도시에서는 공동체를 대신할 새로운 시스템이 필요했다.

그러나 생명보험을 사업화하려면 보험료 정산의 기초가 되는 '나이에 따른 사망 확률' 산정 작업이 먼저 이루어져야 한다. 확률을 모르면 보험료에 합리적인 근거를 설정할 수 없기 때문이다.

1693년에 영국의 천문학자 에드먼드 핼리(Edmond Halley)가 독일에 있는 어느 지방의 5년 동안의 출생·사망 기록을 바탕으로 연령별 사망자 수 통계를 완성했다. 이 통계가 생명보험에 가입하고 매달 내야 할 금액을 결정하는 합리적인 기준으로 채택되었다.

산업혁명이 막 시작되던 1762년, 영국 최초의 생명보험 상호 회사 '아미카블 소사이어티(Amicable Society)'가 창설된다. 생명보험은 처음에는 부유층만을 가입 대상으로 삼다가, 19세기 중반에 들어서면서 노동자를 위한 소액 간이 생명보험을 개설해 피보험 인구가 단숨에 증가했다.

제3장

시민혁명도 산업혁명도
돈으로 움직였다

18세기 후반부터 19세기 전반에 걸쳐 동시에 진행된 프랑스
의 시민혁명과 영국의 산업혁명은 유럽에서 일종의 이중 혁명
으로 간주된다. 그러나 대서양 세계라는 틀 속에서 두 혁명의
위치를 따져보면 프랑스 혁명과 산업혁명에 대한 기존의 평가
가 달라질 수 있다.

18세기 후반부터 19세기 전반에 걸쳐 동시에 진행된 프랑스의 시민혁명과 영국의 산업혁명은 유럽에서 일종의 이중 혁명으로 간주된다. 그러나 대서양 세계라는 틀 속에서 두 혁명의 위치를 따져보면 프랑스 혁명과 산업혁명에 대한 기존의 평가가 달라질 수 있다.

미국 독립전쟁과 프랑스 시민혁명, 라틴아메리카 각국의 독립은 대서양 세계에서 연쇄적으로 일어난 일련의 변혁인데, 산업혁명 역시 동인도회사를 통해 인도산 면직물을 들여오던 영국이 자국에서 수출용 면직물을 생산해 대서양 무역에 나선 것에서 시작되었다.

일련의 시민혁명의 시작은 미국 독립전쟁이다. 보스턴 차 사건을 시작으로 미국 독립전쟁으로 이어지는 도화선에 불이 붙었다. 영국 동인도회사가 식민지에서 차 판매를 독점한다는 내용의 차 조례를 발표하자 밀무역을 하던 보스턴 상인이 위기감을 느껴 보스턴 차 사건을 주도한 것이다. 미국 독립전쟁이 시작되자 무기와 탄약이 부족해진 미국은 프랑스의 부르봉 왕가에 아쉬운 소리를 하며 군사 원조를 요청할 수밖에 없게 된다. 미국을 도운 프랑스는 이때의 원조로 인해 재정이 휘청였고, 이는 다시 프랑스 혁명의 원인으로 작용했다. 이렇게 생각하면 일련의 시민혁명은 보스턴 항구에서 벌어진 '돈'을 둘러싼 대립에서 시작된 셈이다.

시민혁명 시대에 자금 조달 수단으로 지폐가 집중 조명을 받게 되었다. 미국은 콘티넨틸(Continental) 지폐를, 프랑스는 아시냐(Assignat) 지폐를 발행해 자금을 확보했다. 시민혁명 후에 형성된 새로운 국가는 '돈'의 발행을 정부가 관리했다. 정부와 중앙은행이 발행하고 관리하는 '통화'가 이 시대에 출현했다. 통화로서의 '돈'을 만들고 통제하는 기능이 정부 또는 중앙은행의 중요한 기능으로 자리 잡았다.

산업혁명은 대서양 무역의 주력 상품을 어떻게든 자국에서 제조해 수익을 올리려는 욕구에서 시작되었다. 산업혁명은 '돈'을 얻기 위한 노력, 일련의 기술혁명으로 추진력을 얻었다. 산업혁명 후에는 수익을 추구하는 기업의 활동이 본격화되고 '투자'는 생산과 유통을 통해 '돈'이 '돈'을 불리는 수단으로 사용되게 되었다. '돈'으로 '돈'을 낳는 기능이 강화된 것이다. 그러나 당시의 기업은 아직은 소수의 부자가 공동 출자한 '컴퍼니'로 규모가 작고 고작 수백 명의 직원을 고용하는 수준에 머물렀다.

미국 독립전쟁과
달러의 탄생

'국민국가'라는 역사적 시스템

'국민국가(nation state)'는 산업혁명, 교통혁명의 밑거름 역할을 하는 시스템으로 19세기부터 20세기에 걸쳐 전 세계로 퍼져 나갔고, 오늘날 193개 국가가 남극 대륙을 제외한 땅에 국경을 그어 살고 있다. 그런데 '국민국가'라는 새로운 시스템은 19세기 변혁을 주도한 유럽이 아니라 미국이라는 역사가 짧은 이민 사회에서 홀연히 모습을 드러냈다.

독립전쟁(1775~1783년)을 버텨낸 미국이 세계 최초의 '국민국가'로 거듭났다. 부와 전통에서 '자유로웠던' 미국 식민지는 대담하게 새로운 정치 시스템을 채택할 수 있었다.

그러나 미국은 인구가 1815년 단계에서 840만 명에 불과했고 완전한 농업 사회였다. 인구 2,500명 이상의 도시(city)에 사는 사람은 미국 전체 인구의 10%에도 미치지 못했다. 그렇기 때문에 미국 독립전쟁을 '시민혁명'으로 보기는 어렵다. 독립전쟁은 도시에 사는 시민이 아닌 농민이 주축이 되어 영국에 대항한 전쟁이기 때문이다.

세계 각지에서 미국으로 건너온 이민자들이 세운 미합중국은 현재도 '샐러드 볼(Salad Bowl)'에 비유될 정도의 다문화 사회로, 하나의 구심점을 중심으로 뭉쳐야 하는 '국민'을 형성하기 어렵다. 학교에서는 표준어, 국가 형성 이념, 역사와 지리 등을 교육하고, 병역을 통해 새로운 의식을 지닌 국민을 창출하고자 노력한다.

영국에 도전하기 위해 무기가 부족한 미국 식민지를 지원했던 프랑스의 부르봉 왕조는 기력이 소진해 전후에 심각한 재정난에 빠졌고, 미국이 독립한 지 채 10년도 지나지 않아 프랑스 시민혁명이 일어났다. 혁명의 과정에서 루이 16세(재위 1774~1792년)가 단두대에서 처형되며 프랑스도 '국민국가'로 거듭난다. 대서양을 건너 미국 독립전쟁과 프랑스 시민혁명(1789~1799년)은 하나의 장치 안에서 돌아가는 톱니바퀴처럼 역사의 수레바퀴 안에서 맞물려 돌아가고 있었다.

독립전쟁을 뒷받침한 콘티넨털 화폐

1773년 영국 본국이 미국에서 동인도회사에 차의 독점적 판매권을 부여하는 차 조례를 발령하자, 유럽에서 홍차를 밀수해 짭짤한 수익을 올리던 상인과 급진파가 인디언으로 변장하고 보스턴항에 입항한 동인도회사 소속 선박을 공격해 홍차를 바닷속에 처넣는 보스턴 차 사건을 일으켰다. 식민지 사람들은 자유롭게 이루어지던 밀무역이 규제의 대상이 되는 상황이 영 못마땅했던 것이다.

1775년 4월 19일, 렉싱턴에서 식민지 민병대와 영국군의 무력 충돌이 벌어졌고, 이 사건을 계기로 영국과 식민지의 무력 항쟁이 시작되었다. 전쟁이 시작되자 독립을 부르짖는 토머스 페인(Thomas Paine, 1737~1809년)의 『상식론(Common Sense)』이 베스트셀러가 되었고, 1776년 '독립선언'을 채택하며 항쟁은 영국으로부터의 독립을 주장하는 독립전쟁으로 발전했다.

독립전쟁 당시 식민지에는 본국 정부의 반대로 은행이 설립되지 않기에 은행이 발행하는 은행권으로 자금을 조달할 수 없었다. 그래서 전쟁이 시작되자 대륙회의는 콘티넨털 지폐(Bills of credit)를 발행해 전쟁 비용을 충당하기로 했다.

1775년부터 1779년 사이에 개최된 대륙회의는 42회에 걸쳐 총 2억 4,000만 달러 상당의 지폐를 발행했고, 각 주도 그 금액을 웃도는 지폐를 발행했다. 이 지폐로 병사에게 급여를 지급했고 식량과 무기 등을 조달할 수 있었다.

대륙회의는 지폐에 '콘티넨털'이라는 이름을 붙였다. 지폐에는 앞으로 영국 파운드가 아닌 스페인 달러(Spanish dollar)로 상환한다는 취지의 문구가 기재되었고 오늘날 미국 지폐를 통칭하는 '달러'라는 이름은 이 문구에서 시작되었다.

콘티넨털 달러

달러는 S라는 글자에 세로로 두 개의 막대기를 그은 모양으로 표현하는데, 이는 스페인 달러에서 따왔다. 스페인은 지브롤터해협 입구에 있는 '헤라클레스의 기둥'이라 부르는 두 개의 바위기둥과 복수를 뜻하는 S를 조합해 이 표기를 만들었다.

영국의 중상주의 정책으로 무기와 탄약 조달에 차질이 생겨 고전을 면치 못했던 식민지 군대에 프랑스의 부르봉 왕가가 무기를 원조하고 병력을 파견해주었다. 또 무장 중립 동맹에 따른 유럽 각국의 지원이 힘을 실어주었다. 부르봉 왕가는 눈엣가시 같은 앙숙인 영국의 힘을 빼놓겠다는 꿍꿍이를 품고 식민지를 도왔다.

동기야 어찌 됐듯 프랑스와 유럽 각국의 원조 덕택에 1983년 파리조약이 체결되며 식민지의 독립은 달성되었다. 그러나 콘티넨털 지폐는 발행이 남발되어 가격이 폭락했고, 1779년에는 종잇조각이나 다름없는 수준으로 가치가 없어졌다. "Not Worth a Continental(콘티넨털만큼 가치 없다 → 한 푼의 가치도 없다)"는 속어가 만들어질 만큼 요란한 폭락이었다.

미국 달러의 탄생

독립전쟁 후 미국은 제퍼슨의 제안을 받아들여 1785년에 금은 복본위 제도(金銀複本位制度)를 채용해 금과 은의 교환 비율을 1:15로 정했다. 1792년에는 화폐법이 제정되었고 '이글(eagle, 10달러)' 금화, 1달러 등의 은화가 주조되어 달러와 센트를 단위로 하는 미국 고유의 '화폐' 제도가 확립되었다. 1794년에는 달러 은화, 이듬해인 1795년에는 달러 금화가 주조되었다. 이렇게 미국 달러가 탄생했다.

1900년에는 미국에서 금은 복본위 제도가 금화 본위 제도로 개편되었고 달러 금화가 본위 통화로 유통되었다.

달러 금화는 마찰을 방지하기 위해 가장자리를 다른 표면보다 살짝 높게 제작했다. 또 가장자리가 닳는 현상을 방지하기 위해 울퉁불퉁한 요철을 만들었다. 금화를 갈아서 금으로 바꾸면 제법 괜찮은 이익을 얻을 수 있었다. 가치 있는 상품이 상품으로서의 원형을 계속 유지하는 건 쉬운 일이 아니었다. '돈'의 요철은 자신을 보호하기 위한 필수적인 장치였다.

합중국 은행과 주립 은행이 공존하며 빚어진 알력 다툼

1788년에 제정된 미합중국 헌법에서 각 주가 연방 정부에 위탁한 경제적 권한은 통일된 통화 제도, 국제무역과 각 주 사이의 상업 규제뿐이었다. 북부의 연방주의자는 중앙은행을 설립해 '돈'을 중앙정부의 관리하에 두려 했지만, 분권주의자의 반대로 성사되지 못했다.

독립 후 미국에서는 연방주의자와 분권주의(반연방)자 사이의 뿌리 깊은 대립으로 같은 헌법을 두고 제각기 다른 해석이 나왔다. 국가의 주조권을 확대해 은행을 규제하는 권한이 어디에 있느냐를 놓고 연방 정부에 있다는 연방주의자와 헌법에 확실히 명시되어 있지 않으니 각 주에 있다는 분권주의자 사이의 대립이 이어졌다.

그래서 미국에서는 연방 정부가 면허·감독 권한을 지닌 합중국 은행과 주 정부가 면허·감독 권한을 지닌 주립 은행이 공존하는 이원제도(The dual chartering system)라는 특수한 금융 시스템이 탄생했다. 미국의 중앙은행인 연방준비제도이사회(Federal Reserve Board)는 제1차 세계대전이 시작되기 한 해 전인 1913년에야 성립되었다.

이런 연유로 미국의 은행권은 합중국 은행과 주립 은행(state bank)이 이원적으로 발행했다. 1791년에 해밀턴의 건의로 설립된 합중국 은행(자본금 1,000만 달러, 조례로 유효 기간 20년)은 중앙은행과 주립 은행의 은행권 발행을 관리할 권한이 있는 기관으로 출범했으나, 분리주의를 지지하는 지방의 개척민은 합중국 은행의 세력 확대를 동부의 부유층이 '돈'을 통제하기 위한 수단이라며 반대했다.

따라서 설립할 때 20년이라는 유효 기간을 설정하고 시한부로 출범한 합중국 은행은 1811년에 폐쇄된다. 그 후 주립 은행이 우후죽순으로 늘어나 1811년 88개에서 1816년 246개로 늘어났다. 주립 은행이 화폐를 남발한 탓에 미국 경제는 대혼란에 빠졌다.

1816년이 되자 '화폐' 제도의 혼란을 바로잡기 위해 제2 합중국 은행이 설립된다. 합중국 은행은 동부 금융업자의 입김이 작용해 연방 정부에 '화폐' 통제를 강하게 요구했다. 그러자 동부의 금융업자와 서부·남부 회사 사이에 대립의 골이 깊어지며 갈등이 심해졌다. 이익이 큰 '화폐' 발행 권한을 연방 정부와 주 정부 모두 내놓고 싶어 하지 않았던 것이다.

1829년에 대통령이 된 테네시주 출신의 잭슨 대통령은 정부의 국고금을 주요 주립 은행으로 분산해 주립 은행이 난립하는 사태를 불러왔다. 1829년에 300개였던 주립 은행은 1837년에는 788개로 불어났다.

은행은 이익을 확대하기 위해 은행권을 남발했는데, 은행권 남발로 야기된 인플레이션이 대출금을 줄여준다며 개척민들은 오히려 환영했다.

이러한 아수라장 속에서 눈엣가시로 여겨지던 제2 합중국 은행은

600개 이상의 은행이 도산한 1837년 금융 공황을 계기로 폐쇄되었다. 미국의 '화폐' 시스템은 미국의 역사를 반영하고 연방주의와 분권주의 사이에 끼여 이리저리 흔들리는 매우 불안정한 시스템이었다.

유럽 경제를 뒤바꿔놓은
프랑스 은행과 로스차일드 재벌

프랑스 혁명의 버팀목이 되었던 아시냐 지폐

미국의 독립은 10년도 지나지 않아 프랑스로 불똥이 튀었다. 미국 독립전쟁을 지원해 국고가 바닥을 드러낸 프랑스에서는 면세 특권를 가지고 있던 귀족도 세금을 내야 한다는 목소리가 커지며 프랑스 혁명의 불씨가 일었다.

귀족의 요구로 개최된 삼부회에서 제3신분은 특권 신분과 대립했고, 국민의회를 결성해 헌법 제정을 요구했다. 이러한 움직임에 국왕 루이 16세가 무력 탄압 태세를 갖출 기미를 보이자, 1789년 7월 1일에 파리 시민이 바스티유 감옥을 습격해 파리의 지배권을 장악하며 프랑스 혁명이 시작되었다.

8월에 국민의회는 미국의 '독립선언'을 바탕으로 삼은 '인권선언'

을 채택했다. 1789년 당시 프랑스 전 국토의 5분의 1은 교회 소유였고, 국민의회는 교회 소유 토지를 몰수했다.

혁명 정부는 과거 존 로의 행보를 밟아 지폐를 발행해 필요한 경비를 충당하려 했다. 그래서 국민의회는 1789년 12월에 몰수한 교회 토지를 담보로 5% 이자를 부담하는 조건으로 4억 리브르의 아시냐 지폐 발행에 착수했다. 그 후 5년 동안 아시냐 지폐는 교회와 왕실 토지를 매각해 추후 반환될 채권으로 발행을 계속했다.

프랑스 혁명의 진행을 바다 건너에서 지켜보던 영국이 지폐로 혁명에 혼선을 주려 했다. 영국의 피트(Pitt) 총리는 영국으로 망명한 프랑스인에게 아시냐 지폐를 위조해 프랑스로 보내도록 지시했다. 영국의 공작이 효과를 발휘했는지 아시냐 지폐는 가격이 폭락했고, 프랑스 총재 정부는 아시냐 지폐와 토지 교환을 정지하고 1797년에 금은 복본위 체제를 부활시켰다. 아시냐 지폐는 역사적인 사명을 마무리했다. 비록 아시냐 지폐는 사라졌으나 프랑스 혁명의 버팀목이었던 사실을 부정할 수는 없다.

나폴레옹이 통합한 프랑스 은행

1793년에 루이 16세가 단두대의 이슬로 사라지고, 실권을 장악한 국민공회는 은행 대부분을 폐쇄했다. 그러나 역사의 수레바퀴는 옛것이 모조리 사라지고 새로운 이념을 바탕으로 한 새로운 시스템이 창조되는 방식으로 움직이지 않는다. 프랑스에서도 긴 세월 동안 형성된 토지 기반 사회와 사회집단이 새로운 통합 시스템으로 편입되었으나 기득권은 다양한 형태로 비호를 받았다.

1795년에 테르미도르의 반동으로 국민공회가 해산되고, 같은 해헌법을 기반으로 총재 정부가 성립되자 은행가들이 활동을 개시했다. 파리와 프랑스 각 지방에 외화 할인, 은행권 발행 업무를 하는 은행이 잇따라 창설되었다. 1796년 이체 금고, 1797년 상업 할인 금고 등이 대표적인 예다.

1800년 '화폐'의 신용 회복이 무엇보다 중요하다고 생각한 제1통령 나폴레옹의 승인으로 새로운 할인은행이 설립되어, 기존의 금고를 흡수해 프랑스 은행(Banque de France)으로 재탄생했다. 3년 후에 프랑스 은행은 파리에서 15년 동안 은행권을 발행할 수 있는 특권을 얻어 당시 파리에 있던 은행권 발행 기관을 합병했다.

나폴레옹은 1803년에 제정된 제르미날법(The Germinal Law)에 기초해 은 5그램을 1프랑으로 정하고, 5프랑 은화를 발행했다. 이 은화의 가치는 제1차 세계대전이 시작될 때까지 안정을 유지했다. 같은 해 20프랑 금화, 40프랑 금화도 발행해 금·은 대비 가격은 1:15.5로 정해졌다.

1806년에 무기 상인이자 은행가인 우브라르(Ouvrard) 등에게 줄 대금을 마련하기 위해 은행권 발행을 늘리던 프랑스 은행이 대중의 신뢰를 잃게 되자 나폴레옹은 은행을 재편성해 정부 관리하에 두었다.

기존의 프랑스 은행은 2,000명의 유력한 주주를 포함한 총회가 선출한 이사회로 이루어진 민간은행이었으나, 나폴레옹은 정부가 임명하는 총재와 두 명의 부총재에게 권한을 몰아주며 정부 은행이라는 색채를 강화했다. 프랑스 은행은 엄격한 법률 규정에 따라 금·은과의 교환을 보증하는 지폐를 발행했다.

초기 프랑스 은행은 파리의 발권 은행일 뿐 정부가 인가한 발권 은행은 지방에도 존속했다. 그러다 1848년에 지방의 발권 은행 인가가 취소되며 프랑스 은행이 프랑스 유일의 발권 은행이 되었다. 그 후 프랑스는 1878년에 금본위제로 이행했다.

경제면에서 한 걸음 앞서 나가던 영국을 추월하고자 했던 프랑스의 상황 판단은 '부국강병'에 대한 압박으로 돌아왔다.

유럽 제패를 다짐했던 재벌 로스차일드

나폴레옹이 징병제로 모은 군대로 유럽 대륙을 호령하던 시대에 유럽의 대금융 재벌이 된 이들이 로스차일드(Rothschild, 독일어로 로트실트)라는 유대인 가문이다. 1743년생인 창업자 마이어 암셸 로스차일드(Mayer Amschel Rothschild, 1743~1812년)는 하노버에서 금융 기술을 공부한 후, 1764년에 프랑크푸르트 상회를 개설하고 옛날 돈 수집과 판매에 종사했다.

사회가 평온했더라면 마이어의 생활도 평범하게 끝났을 공산이 크다. 그러나 구제도를 철폐한 프랑스 혁명과 평범한 포병 사관에서 유럽 최고 권력자로 출세한 나폴레옹이 황제가 되는 격동의 시대가 마이어에게 큰 기회를 제공했다.

옛날 돈 수집으로 프랑크푸르트 근교의 하나우 영주와 절친한 사이가 된 마이어는 나폴레옹 군이 진격했을 때 망명하는 영주가 맡긴 60만 파운드 상당의 금과 미술품을 와인 통에 숨겨 약탈에서 지켰다. 마이어는 나폴레옹을 보며 금융으로 유럽을 제패하는 가문이 되겠다고 결심하고 다섯 아들을 런던, 프랑크푸르트, 파리, 빈, 나폴리로 보내 유럽을 아우르는 상회 체제를 갖추었다.

마이어는 하나우 영주가 맡긴 금으로 동인도회사에서 80만 파운드의 금을 사들였다. 런던에 파견된 1804년에 로스차일드 은행을 세운 셋째 아들 네이선 로스차일드(Nathan Mayer von Rothschild)는 동인도회사에서 사들인 금으로 웰링턴 군사 공채를 매입했다.

1816년 6월 20일에 네이선은 연줄을 활용해 워털루 전투 정보를 입수했다. 정보를 영리하게 이용한 그는 증권 거래소에서 콘솔 공채(Consolidated Annuities, 상환 기간이 정해지지 않은 영국의 공채 — 옮긴이)를 대량 매각했는데, 네이선이 정확한 정보를 얻었다고 생각한 많은 사람이 그의 뒤를 따르며 공채가 대폭락하자, 바닥 가격에서 공채를 다시 사들였다. 그는 주가를 끌어올렸다가 고가에 파는 전략으로 거액을 벌었다. 네이선은 당시 영국 최대 재벌이었던 베어링 상회를 앞지르며 '금융왕'이라는 호칭을 얻게 되었다.

웰링턴과의 관계로 영국 정부와 인연이 깊어진 네이선은 재력과 실적을 동원해 잉글랜드 은행에 강한 영향력을 행사하게 되었고, 로스차일드 가문의 재력이 영국에 미치는 영향력은 나날이 커졌다. '팍스 브리타니카(Pax Britannica, 영국에 의한 평화)' 시대 영국과 재벌 로스차일드는 이인삼각 체제로 19세기 세계 경제를 이끌었다.

로스차일드 가문은 영국뿐 아니라 유럽 각국 정부에 자금과 군사비를 융통해주며 세력을 확대했다. 빈 회의를 주최한 오스트리아의 메테르니히 총리(1773~1859년)도 빈과 프랑크푸르트의 로스차일드 가문에게 자금을 빌렸다.

프랑스에 파견된 다섯째 아들 제임스(1792~1868년)는 프랑스·로스차일드 상회를 창설하고 훗날 철도왕이라는 별명을 얻는다. 프랑스 은행도 로스차일드 가문의 지배하에 들어갔다.

오스트리아에 있던 차남 살로몬(Salomon, 1774~1855년)은 1820년에 상회를 설립하고 빈의 대형 은행이던 크레디탄슈탈트(Creditanstalt 또는 크레디트-안슈탈트(Credit-Anstalt))의 최대 주주가 되었다.

벤저민 디즈레일리(Benjamin Disraeli)가 재정난에 빠진 이집트의 지배자 사이드 파샤가 매물로 내놓은 수에즈 운하회사 주식을 사들이면서 로스차일드 가문에서 자금을 빌렸는데, 이때 영국을 담보로 맡겼다는 이야기는 유명하다. 19세기 유럽의 5대 투자은행은 로스차일드, 셀리그먼, 스턴, 스피어, 모건이었는데, 모건 이외는 모두 로스차일드와 관련이 있다.

산업혁명으로 전 세계적 규모로 움직이기 시작한 돈

산업도시의 출현과 '돈'의 증식

상품을 대량으로 생산하는 산업도시의 출현과 철도와 증기선으로 세계적 규모의 네트워크가 형성된 사건은 인류사를 변동시킨 가장 획기적인 일이었다. 세계사적으로 그때까지 보지 못했던 방대한 시설 정비와 투자가 추진된 것이다.

18세기 말에 일어난 '산업혁명'은 긴 세월에 걸쳐 세계의 모습을 뒤바꾸어놓은 종합 기술혁신을 기반으로 일어났다. 증기기관이 만들어낸 인공적 에너지와 기계를 결합한 공장 지대가 경작지를 중심으로 돌아가던 기존의 농업 사회를 거대한 생산의 장으로 탈바꿈시켰다.

당연히 과거에 볼 수 없던 새로운 상품군이 탄생했고 새로운 여러 시스템과 생산양식을 뒷받침하게 되었다.

새로이 탄생한 산업도시는 도시라는 외양은 같아도 그 내용물은 전근대 도시와 완전히 달랐다. 산업도시는 공장, 창고, 역, 독, 노동자 거리 등의 수많은 새로운 구역을 조합해 도시 시스템의 대규모 재편이 이루어졌다. 도시를 재편하지 않고는 수많은 노동자를 모아 석탄 에너지와 기계와 원료를 결합한 엄청난 양의 공업 생산물을 생산하는 '공간'이 될 수 없었다. '돈'이 각 시스템을 갖추고 돌리는 데 필요한 도구 역할을 했다. 투자가 상시 이루어졌고 도시는 대전환을 이룩했다.

산업혁명은 무역 구조도 크게 바꾸어놓았다. 산업혁명 이전 무역에서는 경제권마다 다른 상품이 부와 욕망의 원천이었다. 무역은 자신의 경제권에서 희소가치가 있는 상품을 다른 경제권에서 가져다 파는 데서 시작되었다. 그런데 산업혁명 이후에는 도시의 공업이 소비의 욕망을 충족하고 확대해 자국에서 생산된 과잉 생산물을 해외 시장에 내다 팔아야 했다. 경제는 밖에서 밖으로 팽창한다. 기업 경영자는 '돈'을 세계 규모로 회전시켜 이익을 창출했다. 바야흐로 '돈'이 세계적 규모로 활동하고 증식하는 시대에 접어들었다.

섬유 산업의 기술혁신에서 시작된 산업혁명

영국에서 산업혁명이 시작된 건 결코 우연이 아니다. 네덜란드, 프랑스와의 경쟁에서 승리함으로써 영국은 대서양 세계의 경제 패권을 확립했고, 무역이 급신장하며 산업혁명의 불씨를 지폈다. 1770년 영국 수출의 54%가 직물, 44%가 금속 등의 공업 제품이었는데, 주력인 섬유 산업에서부터 기술혁신이 시작되었다.

18세기 영국의 주력 상품은 17세기 말에 동인도회사가 인도에서 수입한 '면직물(Calico)'이었다. 이국에서 들여온 면직물이 대서양 세계의 주력 상품으로 급부상했다. 면직물은 다양한 기후에 적합한 섬유로 식물성 섬유이기에 원료 증산이 쉽다는 이점도 있다. 면직물을 자국에서 생산하려는 시도가 영국에 새로운 상품 제조 개발을 촉구했고 산업혁명이라는 대변혁을 탄생시켰다.

이 과정에서 영국의 전통 산업인 '모직물' 제조업자는 우수한 섬유인 '면직물'에 시장을 잠식당해 국내 시장을 상실할지 모른다는 공포에 떨어야 했다. 당연히 모직물 업자는 자신들의 밥그릇 지키기에 나섰다. 영국 의회는 전통 산업인 모직물 공업을 보호하기 위해 1700년에 인도산 면직물 수입을, 1720년에 사용을 금지했다. 그러자 영국에서 생산되는 면직물의 상당수는 수출길에 올랐고, 서아프리카에서 노예와 맞교환되거나 미국 수출 상품으로 변신했다. 부드럽고 튼튼한 데다 흡습성이 좋은 면직물은 어디서나 환영받았고 대서양 세계의 '세계 상품' 자리를 차지했다. 말 그대로 '위기를 기회로 바꾼' 셈이다.

인도산 면직물 수입 금지는 영국 국내에서 수출용 면직물 공업을 육성하는 결과로 나타났고, 서인도제도에서 재배된 면화를 원료로 하는 면직물 생산이 노예 무역항인 리버풀의 배후지였던 랭커셔 지방에서 급성장했다.

신식 기계들이 생산력을 높였다

18세기에 영국인은 '모방의 달인'으로 유명했다. 개발도상국들이 선진국 기술을 교묘하게 흉내 내듯 영국은 각 나라의 선진 기술을 적절하게 모방했다. 영국은 모직물 공업의 전통과 기술을 활용해 인도의 면직물 공업을 영국으로 이식했다. 그 과정에서 신기술 도입이 시스템 전환을 촉구했고 사회 전체에 격변을 가져왔다. '돈'이 자본이 되었고 엄청난 부를 낳는 공장 제도가 모습을 드러냈다. 그 과정은 지루한 기술혁신의 연속이었다.

1760년대에는 J. 케이(J. Kay)가 1733년에 발명한 모직물 공업 도구인 플라잉 셔틀(flying shuttle)이 면직물 생산 부문에 이용되며 효율이 갑절로 늘어나, 면화 공급이 따라가지 못해 심각한 면화 부족 사태가 발생했다. 신기술이 전통적인 방직 공정과 새로운 공정 사이의 격차를 벌인 것이다.

목수였던 제임스 하그리브스(James Hargreaves, 1720~1778년)가 가발 제조업자인 리처드 아크라이트(Richard Arkwright, 1720~1778년), 새뮤얼 크럼프턴(Samuel Crompton, 1753~ 1827년) 등과 함께 방직 기계를 개량하고 새로운 기계를 발명했다. 이 기계의 발명으로 실 생산과 직물 생산을 도맡던 소규모 작업장이 대규모 공장으로 변신했다.

아크라이트는 산업혁명 시대 최초로 성공한 사람이었다. 불우한 환경에서 성장해 50세가 되어 처음으로 철자법을 배운 아크라이트는 수력을 동력으로 삼아 한꺼번에 수천 개의 방추를 움직이는 '수력 방적기' 특허를 따내 대형 공장을 건설하고 성공을 거두었다. 1783년에는 아크라이트가 취득한 특허 기간인 14년이 지나 수력 방적기를 다른 경영자들도 이용할 수 있게 되면서 방적 공업이 급성장했다.

새로운 기계에는 새로운 에너지원이 필요했다. 그 요구에 부응하기 위해 제임스 와트(James Watt, 1736~1819년)가 실용화한 새로운 동력이 등장했다. 와트는 증기기관(steamer, 기압 엔진)을 개량해 피스톤 왕복운동을 회전운동으로 바꾸어 기계의 동력으로 이용할 수 있게 만들었다. 1800년까지 제조된 회전식 증기기관은 3,000대에 이른다.

면사 생산량은 급증했고 한때 면직물 장인이 부족할 정도로 일손이 달리는 '직공 황금시대'가 찾아왔다. 영국 국교회의 목사 에드먼드 카트라이트(Edmund Cartwright, 1743~1823년)가 발명한 역직기는 면직물 생산 공정의 기계화를 가져왔다. 랭커셔 지방에는 면직물 산업에 관여하는 공장이 2,000개를 넘게 건설되었다. 산업혁명으로 표준화, 전문화, 집중화가 이루어지며 상품 생산량이 급속하게 증가했다.

면화 수입량이 1781~1785년에 1,094파운드에서 1826~1830년에는 2억 3,291만 파운드로 증가했다는 사실로도, 기계를 이용한 생산량 급증 양상을 짐작할 수 있다. 면직물의 70~80%가 수출길에 올랐고, 수출액도 1850년대에는 영국 전체 수출의 3분의 1에 육박했

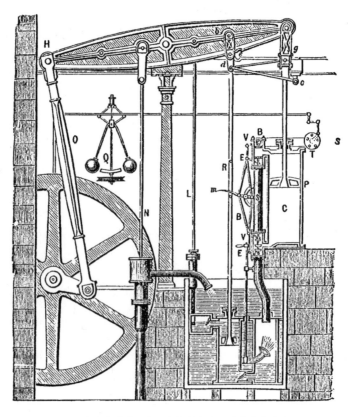

1774년에 볼턴앤드와트에서 제작한 증기기관의 판화

다. 이처럼 눈에 띄는 변화는 크건 작건 모든 산업 분야에서 골고루 나타났다.

새로운 경영 형태, 컴퍼니의 창설

기계의 이용은 모직물 산업 등의 다른 산업에까지 영향을 주었고, 선반 등을 만드는 공작 기계가 줄줄이 발명되어 1820년대에는 기계 제조도 하나의 공업 부문으로 독립했다. 영국의 제철업은 해외의 철도 건설 열풍과 맞물려 철로 등의 수출이 늘어나며 1850년대는 공업 생산의 40% 가까이에 달했다.

세계의 부는 런던의 금융가로 집중되었고, 영국은 '세계의 은행'이라는 이름을 얻은 강력한 경제력으로 세계 경제를 앞에서 이끌었다. 도시의 대규모 생산 활동은 상품 범람을 불러왔고 인류 사회는 '결핍으로 고민하던 사회'에서 '상품이 넘쳐나는 사회'로 모습을 바꾸었다.

그러나 영국에서는 18세기 전반 남해회사가 일으킨 거품경제 붕괴(남해회사 거품 사건)의 여파가 채 가시지 않았다. 1720년에 제정된 유령회사 제한법(Bubble ACT)으로 7명 이상의 출자자로 이루어진 회사를 설립하려면 의회 승인이나 국왕의 특허가 필요하다는 규정이 생겼다.

이 조례는 산업혁명이 한창이던 1825년이 되어서야 폐지되었다. 1844년에는 법인은 인정하되 유한책임은 인정하지 않는다는 회사법이 제정되었고, 1862년에 일반회사법이 설립될 때까지 혼란이 이어졌다. 영국에서는 1860년대를 지나 1870년대가 되어서야 주식회사 설립 열풍이 불었다.

경제 활동의 주역인 기업가들은 파트너십이라 부르는 공동 출자 형태로 경영에 참여했다. 1830년 무렵의 맨체스터 면직물 공장 중 1,000명 이상의 노동자를 고용하는 곳은 7군데에 지나지 않았고, 나머지는 평균 300~400명의 규모였다. 경영 규모를 확대할 때는 공장 수를 늘리는 수평적 확대 방향을 취했다.

영어로 회사는 컴퍼니(company)라 부른다. 컴퍼니는 본래 공동으로 출자해 경영하는 소규모 '동료' 집단이라는 뜻이었다. 나중에 컴퍼니는 조직 체제로서의 회사를 의미하게 되었다. 영국에서는 일반인에게 자금을 공모하는 퍼블릭 컴퍼니(주식 공개 회사)와 소수의 사람이 주식을 소유하는 프라이베이트 컴퍼니(사기업)를 구별했는데, 퍼블릭 컴퍼니는 재무제표 제출 의무가 지연되며 성장한 경영 형태였다.

아크라이트, 와트, 필 등의 기업가는 프라이베이트 컴퍼니를 조직해 활발한 경제 활동을 펼쳤다. 이 시대 이윤을 얻기 위해 '돈'을 활용하는 방식과 규모는 지금 기준으로 보면 아주 소박한 수준이다.

제4장

금본위 체제와 국제통화 금

경제의 세계화가 이루어지면서 무역 대금을 원활하게 결제하기 위해 국제통화가 필요해졌다. 기존의 금은 복본위 체제는 금과 은의 비교 가격이 변동해 불안정했다. 그래서 영국이 주도한 국제 금본위제가 새로운 국제 통화체제로 등장했다.

19세기에 전 지구적으로 추진된 철도 건설이 세계의 역사를 크게 바꾸어놓았다. 안전한 고속 네트워크가 지구를 뒤덮었다. 그러나 철도 건설은 종합산업으로 철로, 철교, 터널, 역사, 기관차, 열차 제조 등에 막대한 '돈'이 필요한 사업이다. 새로운 사업에는 거액의 '투자'가 이루어졌다.

철도 건설은 제철, 기계 등의 중공업을 급속하게 성장시켰고 기술과 자재를 세계로 수송했던 영국에 '팍스 브리타니카(Pax Britannica, 영국에 의한 평화)'라 부르는 번영을 가져다주었다. 철도망은 수도와 여러 지방을 긴밀하게 연결해 국민국가 형성에 크게 이바지했다. 철도 건설과 산업 육성에는 많은 자재가 필요했고 투자 규모가 비약적으로 확대되었다. 또 물자를 원활하게 조달하기 위해 선물 거래도 활발하게 이루어졌다.

미국에서는 토지에 대한 투기 등을 발판으로 삼아 서부 개척이 진행되어 대륙 국가로 급속도로 나아갔다. 이윽고 서부 개척은 철도 투기와 접점이 생기며 교집합을 이루게 되었다. 광대하지만 불편한 서부의 인프라 정비를 위해 미국 정부가 막대한 이익을 부여하며 추진한 철도 건설은, 미국을 세계 제일의 공업 국가로 우뚝 서게 만들어주었고 동시에 거대한 철도를 관리하는 '빅 비즈니스'를 탄생시켰다. 산업혁명 시대의 컴퍼니와는 비교도 되지 않는 규모와 규율을 지닌 거대 기업이 등장한 것이다. 또 급속한 경제 성장은 모건, 록펠러 등의 거대 재벌을 탄생시켜, 미국의 금융계는 거대 재벌의 손아귀에 들어갔다.

경제의 세계화가 이루어지면서 무역 대금을 원활하게 결제하기 위해 국제통화가 필요해졌다. 기존의 금은 복본위 체제는 금과 은의 비교 가격이 변동해 불안정했다. 그래서 영국이 주도한 국제 금본위제가 새로운 국제 통화체제로 등장했다.

19세기 중반은 캘리포니아, 알래스카, 호주의 골드러시가 줄줄이 대박을 터트리며, 세계의 금 산출량이 급증했던 시기였다. 영국은 운 좋게 속속들이 발견된 엄청난 양의 금을 이용해 국제 금본위제를 확립할 수 있었다. 독일, 일본, 미국을 비롯한 국가들이 후발 주자로 나서 영국의 뒤를 바짝 추격했다. 전 세계 규모의 '화폐' 유통 시스템은 19세기 후반에 형성되었다.

1870년 이후 제2차 산업혁명이라는 기술혁신이 이루어지며 내열 기관, 전력이 새로운 에너지로 등장했다. 중화학 공업이 눈부시게 발전하며 '빅 비즈니스'가 일반화되었고, 대중에게서 천문학적인 액수의 '돈'을 조달하기 위해 은행과 증권회사가 큰 역할을 맡게 되었다. '돈'으로 '돈'을 버는 '투자'가 대규모 시스템으로 구축되었다.

은행은 이자를 주고 예금을 맡아 상대적으로 높은 이자를 받고 기업에 빌려준다. 증권회사는 주식과 사채 거래로 기업의 자금 조달을 돕고 수수료를 벌었다. 주식과 채권 등은 투자의 대상이 되는 유가증권이 되었고 '돈'과 동등한 취급을 받게 되었다.

철도에서 비롯된
개발의 물결과 선물 거래

철도광 시대와 '팍스 브리타니카'

19세기 세계 경제의 성장은 철도 건설이 견인했다. 1830년에는 리버풀과 맨체스터 사이 45킬로미터를 시속 40킬로미터 속도로 연결하는 세계 최초의 실용 철도(railway)가 개통했다. 리버풀·맨체스터 철도는 좋은 평가를 받으며 3년 동안 하루 평균 1,100명의 승객을 실어 날랐고 물자도 순조롭게 운송했다. 철도 회사는 국고에서 빌린 대출금을 깨끗하게 갚았고 주주에게 9.5%라는 고배당을 지급했다.

리버풀·맨체스터 철도의 대성공에 자극을 얻어 철도 건설 열풍이 불어닥친 영국은 '철도광 시대'라는 철도 건설 러시 시대에 들어섰다. 철도는 놀라운 속도로 건설되어 1850년대 초에는 영국 전역을

1830년 리버풀과 맨체스터 철도의 개통을 묘사한 그림

철도망으로 연결했다. 런던을 중심으로 거미줄처럼 촘촘하게 뻗어 나가는 철도망이 완성된 것이다. 영국 철도의 총연장 킬로미터 수는 1845년 3,277킬로미터에서 1855년에는 1만 3,411킬로미터로 눈부시게 증가했다. 철도 건설은 영국에서 유럽 대륙으로 급속도로 퍼져 나갔고, 국내 시장의 통일과 국민국가 형성에 큰 역할을 담당했다.

철도 건설 선진국인 영국은 철도 건설 기술을 전 세계에 제공했을 뿐 아니라 철로, 철교, 기관차를 비롯한 제철 상품을 대량으로 수출했다. 철도 건설은 '세계의 공장'으로서의 영국의 지위를 확고하게 만들어주었다. 철로 수출 등 철도 건설과 관련한 수출이 이어지며 다른 산업도 함께 발전했다. 코크스 고로(코크스를 발열원으로 하는 용광로-옮긴이)와 헨리 코트(Henry Cort)가 발명한 연철로(puddling furnace)라는 반사로(천장의 열 반사를 이용해 가열하는 노-옮긴이) 덕분에 영국의 제철업은 비약적으로 성장했다. 1850년대에 영국에서 생산된 철의 40% 가까이가 해외로 수출되었다.

면직 공업, 제철업, 기계 공업, 조선업, 해운업은 금융업의 성장을 동반했고 영국은 '팍스 브리타니카'라는 세계 질서를 구축했다. 그러나 오늘날과 비교하면 생산 규모는 아직 미미한 수준에 머물렀다.

그러다 1870년대 이후 제2차 산업혁명이 일어나 본격적인 대량 생산 시대에 돌입하자 영국은 새로운 파도에 올라타지 못하고 결정적으로 뒤처지게 된다. 산업 분야에서 후발 주자에 선두를 빼앗긴 영국은 세계 최고의 공업 생산 국가라는 자리를 내주고 물러났다. 그리고 그 과정에서 비축된 자본을 활용해 '세계의 은행'으로 거듭나 금융 산업으로 세계 경제를 이끌게 되었다.

주식과 함께 컴퍼니를 보완했던 선물 거래

산업혁명이 시작된 시대, 영국의 기업 경영자는 파트너십으로 공동 출자·공동 경영하는 형태로 기업을 창업했다. 자본 규모는 아직 그리 크지 않았고, 공업 원료와 석탄 등을 조달하기에 급급했다.

1870년대에 들어서면 영국에서는 경제 활황에 발맞추어 런던과 지방 도시의 증권 거래소에서 활발한 거래가 이루어졌다. 『이코노미스트(The Economist)』, 『인베스터스 가디언(investors guardian)』 등의 주간지에도 주식란이 등장했다.

주식 거래와 함께 면화, 곡물, 철, 석탄, 양모, 차, 설탕 등의 상품 거래도 활발하게 이루어졌다. 각 컴퍼니가 합리적으로 물자를 조달하려면 상품 거래가 효과적이었기에 기업 활동에 상품 거래는 필수 요소였다.

영국의 기업이 비교적 소규모였기에 낮은 가격으로 대량의 상품을 신속하게 소달할 때 다양한 상품 거래소가 아주 효과적이었다.

작은 기업 규모를 보완하는 형태로 거래소 경제가 성장했다. 다만 이 시스템은 19세기 말의 제2차 산업혁명 이후에 등장한 차별화된 상품에는 대응할 수 없었다.

미국 서부를 뒤덮은
토지 투기 광풍

투기의 온상

드넓은 미개척 벌판이 펼쳐진 미국은 토지 투기에 있어 황금의 땅이었다. 저렴한 토지가 투기의 대상이 되었다. 미국에서는 유럽과 달리 토지 투기로 이익을 얻는 게 당연하게 여겨졌다. 미국 경제는 투기라는 불건전한 요소를 내포하고 있었던 것이다.

초대 대통령인 조지 워싱턴은 미시시피 회사를 설립하고 서부의 토지 매수에 착수했고, 벤저민 프랭클린도 일리노이의 25만 제곱킬로미터의 토지 투기에 관여했다. 미국 건국의 아버지들도 토지로 재산을 불리는 데 적극적이었다.

70만 제곱킬로미터의 토지를 무상으로 제공받는 등 정부의 보호를 받으며 서부에서 대규모 철도 건설이 진행되자, 광대한 서부가 새로운 토지 투기의 대상으로 떠올랐다. 유럽에서 유입된 가난한 이민자들은 하루라도 빨리 농기구와 종자 등의 생활 밑천을 마련하기 위해 '돈'을 빌렸고, '매니페스트 데스티니(Manifest Destiny, 명백한 운명)'라는 구호를 내걸고 진행된 서부 개척 운동을 따라 인간의 발이 닿지 않은 미개척지로 프론티어 정신을 내세우며 진출했으며, 토지 거래를 통해 막대한 부를 추구했다.

철도 건설을 염두에 둔 투기도 활발히 이루어졌다. 급속하게 개척된 미국은 '돈'을 투기라는 형태로 활용하고 욕망을 해방할 수 있는, 당시 지구상에서 보기 드문 나라였다. '돈'을 매매의 매개, 재산 축적수단으로 활용한다는 기존의 사고방식과 달리, '돈'을 불리는 경제활동이 미국에서는 가능했다. 미국 경제에는 거품이 일상화될 위험성이 내포되어 있었다.

민간은행이 화폐를 남발하며 초래된 경제 혼란

서부 개척 운동으로 급속하게 개척된 미국 서부에서는 민간은행이 정부의 규제를 받지 않고 은행마다 자유롭게 은행권을 발행해 개척민에게 대출할 수 있었다. 은행은 이렇다 할 규제를 받지 않고 연금술사처럼 종이를 은행권이라는 '돈'으로 둔갑시키는 손쉬운 방법으로 돈을 벌었다.

프론티어 정신을 내걸고 개척에 참여한 가난한 이민자들은 자산이 부족해 빚더미에서 새로운 생활을 시작해야 했다. 이민 생활에서는 빚이 일상이었고 지역 은행이 발행하는 은행권은 무일푼인 이민자들이 편리하게 빌려 쓸 수 있는 돈이었다. 생각해보면 빚을 아랑곳하지 않고 소비하는 미국인의 생활 방식 자체가 미국이라는 나라의 역사를 통해 형성된 셈이다.

서부의 은행은 금화나 은화 같은 '돈'이 아닌 은행이 직접 발행한 은행권이라는 '돈'을 빌려주었다. 차용인은 은행권으로 돈을 갚을 수 있었고, 그 은행권을 받은 사람은 금화나 은화로 바꾸어 쓸 수 있었다. 은행권은 사람들의 손에서 손으로 건네졌고 마지막에 은행으로 돌아와 금화와 은화로 교환되었는데, 그 이전에 차용인은 이자를 내고 은행권 내지는 금화나 은화를 은행에 갚는 구조였다.

지방 은행은 종이를 은행권으로 둔갑시켜 큰 이익을 얻었다. '돈'으로 '돈'을 불리는 시스템이 굴러가기 시작했다. 주 정부가 허가한 은행은 은행권을 자유롭게 찍어내 빌려줄 권한을 인정받았는데, 주 의회는 은행을 자발적인 개인의 조합으로 보고 설립을 간단히 허가했다.

1836년, 연방 정부는 공유지 대금은 금화, 은화 또는 금·은과 태환이 가능한 은행권으로 지급해야 한다는 포고를 냈다. 그러나 상황은 시정되지 않았고 남북전쟁 전야 미국에서는 약 1만 6,000개의 은행이 발행한 추정 7,000종류의 은행권, 추정 500종류의 위조 은행권이 유통되었다. 당시 기업에서는 '위조권 감별법'이라는 책자가 필수품이었다는 우스갯소리 같은 이야기가 나돌 지경이었다.

투기를 조장한 콜론

19세기 미국에서는 토지 투기와 더불어 매점(買占)으로 주가를 폭등시켰다가 하락하면 저가 재매수를 노리고 공매도를 꾸미는 주식 투기가 기승을 부렸다. 토지 매점은 풀(pool)이라고 부르는 투기 조합이 꾸미는데, 성공한 상장사의 리더는 하루아침에 유명 인사로 등극했다. 코르시카 출신으로 전 유럽을 호령한 최고 권력자 나폴레옹처럼 무에서 유를 창조한 벼락부자가, 쉽게 말해 미국의 나폴레옹이었다. 성공한 사람은 '아메리칸 드림'을 몸소 실현한 사람으로 유명세를 누렸다. 투기는 빠르게 재산을 축적하는 수단으로 자리 잡았다.

미국은 좋게 말하면 활기가 넘치는 신흥 사회였으나 모두가 일확천금을 꿈꾸며 투기에 열을 올리는 투기 사회였다. 일확천금을 꿈꾸는 '아메리칸 드림'의 밑바탕에는 투기가 도사리고 있었다. 프런티어는 투기꾼에게 젖과 꿀이 흐르는 기회의 땅이었다.

1850년대에 들어서 뉴욕의 은행이 증권회사에 돈을 빌려주면 증권회사는 고객이 맡긴 증권을 은행에 담보로 제시하는 콜론(Call loan, margin loan) 구조가 급속히 보급되었다. 효율적으로 투기 자금을 마련하는 시스템이 구축된 것이다.

콜론으로 고객은 많은 투자 자금을 손쉽게 마련할 수 있었다. '콜'의 의미는 은행이 언제든 상환을 콜(요구)할 수 있다는 뜻이다.

은행은 담보가 되는 증권에 마진(보증 금리)을 붙여 고객에게 투자 혹은 투기 자본으로 빌려주었다. 담보 시가가 내려가면 증권회사는 담보의 확충(추가 보증금)을 고객에게 요구하고, 담보 확충이 이루어지지 않으면 증권회사가 담보를 시장에 매각해도 좋다는 신호로 받아들여졌다.

콜론 제도로 투자가는 담보와 맞바꾼 넉넉한 투자 자금을 확보할 수 있었고, 주식시장의 매매가가 급속하게 높아졌다. 증권회사는 엄청난 이익을 챙길 수 있었다.

남북전쟁 후 서부에서 급속한 철도 건설로 미국 경제가 급성장한 거품 시대는 '황금시대'로 불리며 투기열이 한층 뜨거워졌다. 특히 주법(州法)에 기초해 비교적 규제를 느슨히 받은 신탁은행들이 활발한 증권 투기에 나섰다.

서부 개척과 크레디트 산업

현재 미국은 완전한 신용카드 사회로, 그 원형은 19세기 농촌과 지방 도시에서 찾을 수 있다. 19세기에 서부 개척이 급속하게 진전되는 과정에서 농촌과 지방 도시에서는 말, 농기구, 종자, 시계, 가구 등을 수확한 후에 값을 치르는 약속어음 형태로 판매했다. 오늘날 신용카드의 원형이다. 크레디트에는 분할 상환 방식과 오늘날의 카드와 같은 리볼빙 방식의 오픈 크레디트가 있었다.

분할 상환 방식의 크레디트 사업이 판로 확장에 효과적임이 판명되자 제조업자도 분할 상환 방식을 채용하게 되었다. 분할 상환으로 대성공을 거둔 제품이 싱거 미싱(Singer sewing machine)이다. 싱거 미싱은 영업사원이 발로 뛰며 대량으로 가정용 재봉틀을 팔아치웠다. 1850년 무렵에는 피아노, 난방기구, 고급 소비재가 대리점을 통해 분할 상환 방식으로 팔려나갔다.

남북전쟁 후에는 경제가 급격히 성장하면서 가구, 백과사전, 보석 등도 분할 상환 방식으로 팔려나갔고, 대규모로 이주한 영어를 모르는 이민자들에게도 온갖 상품을 판매했다.

이윽고 시카고에서는 가난한 사람들에게 소액을 대출해주는 업자가 생겨났다. 우리가 흔히 사채라고 부르는 사업이다. 그러나 이 사업은 불법적으로 이자를 올리는 경우가 많아 주 정부는 규제를 강화할 수밖에 없었다. 1909년에는 크레디트 유니언(신용조합)을 인가하는 법률이 제정되어, 1910년에 아서 J. 모리스(Arthur J. Morris)가 소비자에게 연이율 6%로 '돈'을 빌려주는 '모리스 플랜 뱅크(Morris Plan Bank)'라는 저리 대출을 개발했다. 모리스의 방식은 10년 만에 37개 주로 퍼져 나갔다.

국민국가의 중앙은행과
통화의 탄생

국가 경제 질서와 통화 발행

국민국가 성립 후 국가 혹은 중앙은행은 통화를 발행, 관리함으로써 경제 질서를 유지했다. 통화란 본위화폐, 보조 화폐, 은행권, 정부 지폐 등으로 국가가 관여하는 '돈'을 가리킨다. 경제 활동이 국가 수준으로 확대되고 다각화됨에 따라 통화의 기능이 커졌다. 통화라는 '돈'이 국민국가를 경제적으로 통합하는 역할을 맡은 것이다.

전쟁이 끊이지 않았던 18세기에는 국가 채무 관리가 급선무였다. 산업혁명 후에 경제 활동이 전 세계 규모로 확장되고 상공업이 근대화하자 '돈'의 유동성을 국가 단위로 보장할 필요성이 강화되었다. 이러한 시대 배경에서 통화 발행 권한을 가진 '은행의 은행'이라고 부를 만한 중앙은행이 탄생했다.

예전에는 각각의 은행이 독자적으로 은행권을 발행했는데, 은행권을 발행하는 권리를 국가가 독점하게 되자 국가의 은행, 은행의 은행, 발행은행이라는 세 가지 기능을 겸한 중앙은행의 중요성과 비중이 커졌고, 일반 은행은 예금자에게 수표를 발행할 수 있는 당좌예금 계좌만 제공하게 되었다. 바야흐로 '돈'의 질서가 중시되기 시작한 것이다.

세계에서 가장 오래된 중앙은행은 1668년에 설립된 스웨덴 은행(Sveriges Riksbank)이지만, 각국 중앙은행의 모델은 유럽 경제를 앞장서서 이끈 영국의 잉글랜드 은행(Bank of England)이었다.

중앙은행이 된 잉글랜드 은행

1694년에 설립된 잉글랜드 은행은 초기에는 민간은행으로 설립되었으나, 국가 재정과 밀접한 관계를 맺으며 차츰 '돈'을 발행하는 중앙은행으로서의 기능을 갖춘 특수한 은행으로 성장했다.

1833년에는 잉글랜드 은행에서 발행한 은행권이 국가 통화로 인정받았고, 1844년에 잉글랜드 은행은 국유화되어 민간은행의 지위를 상실했다.

여기서 잠깐, 잉글랜드 은행의 설립 경위를 살펴보자. 1672년 런던의 골드스미스(금 세공업자)에게 130만 파운드 상당의 거금을 빌린 찰스 2세가 대출금을 상환할 수 없다고 선언했다. 돈을 빌려주고 받지 못한 골드스미스는 파산할 수밖에 없었다. 골드스미스의 파산으

SEALING OF THE BANK OF ENGLAND CHARTER. 1694.
SIR JOHN HOUBLON,   SIR JOHN SOMERS,   MR. MICHAEL GODFREY
Governor.   Lord Keeper.   Deputy Governor.

잉글랜드 은행 설립 승인 (1694년)

로 국가 경제가 크게 휘청였고, 1694년에 스코틀랜드인 윌리엄 패터슨(William Paterson)의 제안으로 정부에 이자 8%로 돈을 빌려주는 자본금 120만 파운드의 주식은행, 잉글랜드 은행이 창설되었다. 출자자는 1,268명으로 주로 런던의 은행가들이었다.

의회는 항해에 세금을 부과하는 톤세법(law tonnage duties)으로 잉글랜드 은행(정식 명칭은 the Governor and Company of the Bank of England) 설립을 허가했다. 잉글랜드 은행은 120만 파운드의 자본금을 민간에서 조달해 설립된 사립 발권 은행으로 통화 발행 독점권은 가지고 있지 않았다.

은행은 8% 이자를 받고 정부에 '돈'을 빌려주었고, 자본금 안에서 정화(正貨) 준비를 하지 않은 날인 어음, 은행의 예금과 바꾼 현금 어음 발행 허가를 따냈다. 또 영국 발행 또는 외국 발행 어음을 다른 이율로 할인하는 업무도 승인되었다.

1697년이 되면 신규 불입이 허락되어 잉글랜드 은행 자본이 곱절로 늘어났고, 정부에 추가 대출하는 조건으로 통화(은행권) 발행 허가를 획득했다. 1708년에는 새로운 법률이 제정되어 은행권 변조와 위조를 반역죄로 규정했고, 잉글랜드 은행에 통화(은행권)의 독점적 발행권이 부여되었다. 이렇게 18세기 후반에는 잉글랜드 은행의 중앙은행으로서의 지위가 확립되었다.

기업의 덩치가 커지고 자본을 은행에서 조달하게 되면서 은행은 사회적으로 중요한 지위를 차지하게 되었다.

국제 금본위제와
금의 세계화

금의 시대로의 전환

나폴레옹 전쟁이 영국에서 금본위 체제가 확립되는 국제적 배경으로 작용했다. 영국의 금이 국외로 유출되어 급격히 감소하는 사태를 방지하기 위해 1797년에 잉글랜드 은행은 '국회 판단이 나올 때까지 금 지급을 삼간다'는 의회 결정을 받아들여 은행권의 금 태환을 정지했다.

그 후 잉글랜드 은행권의 화폐 가치가 하락하는 인플레이션이 진행되자, 경제를 정상 궤도에 돌려놓기 위해 전쟁 후인 1816년에 금 준비 충실과 금·은 대비 가격 안정을 실현하는 금본위 체제를 단행했다.

이때 22K 금으로 약 8그램의 1파운드 금화(소블린 금화)를 주조했다. 금 1온스는 4.247파운드의 가치가 있다고 매겨졌다. 참고로 영국의 통화 단위인 파운드는 정식으로는 파운드 스털링(pound sterling)이라 부른다. '파운드'라는 말의 어원은 고대 로마의 무게 단위이고, '스털링'은 순은을 의미한다. 파운드 스털링은 순은으로 주조한 일정한 무게의 통화라는 뜻이다. 중세 잉글랜드에서 고대 로마를 본떠 은 1파운드로 240개의 은화를 제작했다는 고사에서 비롯되었다.

1819년부터 1821년까지 금과 잉글랜드 은행권의 태환이 이루어졌는데, 1821년에는 태환 체제가 철폐되었다. 그 후 1844년 필 조례(Peel's Act)에 의해 금본위제는 시스템으로 갖추어졌다.

금본위제로 이행한 1840년대에 영국의 은은 중국과 인도로 대량 유출되었다. 특히 인도로의 은 유출은 1840년대부터 1850년대에 걸쳐 4배로 증가했다. 미국에서 남북전쟁(1861~1865년)이 시작되자 미국 남부의 면화 수출이 중단되어 인도산 면화 수요가 증가해 대량의 은이 인도로 흘러간 것이다. 인도는 금본위제로 이행하며 불필요해진 영국의 은을 대량으로 흡수했다.

계기가 된 골드러시

산업혁명 후에 급격히 팽창한 세계시장에 대응할 수 있는 국제 금본위 체제를 확립하려면 대량의 금이 필요했다. 그런데 공교롭게도 19세기 후반에 새로 개척된 미국 서부, 캐나다, 알래스카, 호주 등지에서 잇따라 대박이 터졌다. 여러 지역에서 동시다발적으로 골

강에서 금을 거르는 사람들

드러시(gold rush, 새로운 금이 발견된 지역으로 채금업자들이 대규모로 이동하는 현상)가 일어났고 엄청난 양의 금(gold)이 세계시장으로 흘러들어 왔다. 영국에게는 하늘이 준 기회나 다름없었다.

1848년에 미국 서부 캘리포니아의 새크라멘토 근교 서터즈밀

(Sutter's Mill)에서 금광이 발견되었다. 약 10만 명의 '포티나이너스 (Forty-niners)'라 불린 사람들이 포장마차나 범선을 끌고 남아메리카 최남단의 혼곶(Cabo de Hornos)을 거쳐 캘리포니아로 몰려왔다.

캘리포니아의 금은 1852년에 산출된 약 8,100만 톤이 최고 산 출량으로 이후로는 산출량이 급감하다가, 골드러시 5년 동안에 2억 8,500만 톤 이상이 산출되었다. 그때까지 미국에서 산출된 금의 21배 에 달하는 어마어마한 양이었다.

1858년에는 콜로라도의 덴버 부근에서, 1859년에는 네바다에서 골드러시가 일어났다. 『톰 소여의 모험(The Adventures of Tom Sawyer)』 등의 소설로 유명해진 소설가 마크 트웨인도 네바다에서 금 채굴에 참여했다.

또 1858년에는 영국 식민지인 캐나다 프레이저강(Fraser River) 유역에서, 1869년에는 알래스카 근처의 유콘강(Canoe the Yukon River) 유역에서 골드러시가 일어났다. 유콘강 유역에서는 1900년에 2,200만 달러 상당의 금이 채굴되었다. 19세기 말에는 알래스카의 놈(Nome)이라는 도시 인근에서도 금광이 발견되었다.

호주에서는 1851년 이후 빅토리아 식민지(오늘날의 빅토리아주)를 중 심으로 골드러시가 일어나, 그때까지 40만 명에 지나지 않던 식민지 인구가 10년 사이에 3배로 불어났다. 호주는 1900년대 초에 금 산 출량이 정점을 찍고 이후 줄어들기는 했지만 지금도 세계 금 산출량 의 약 10%를 생산하는 금 생산 강국이다. 이렇게 1850년대를 관통한 '금빛 홍수'로 금본위제가 세계화하는 조건이 갖추어졌다.

1885년에는 아프리카 남부의 트란스발 공화국(Transvaal Republic)의 비트바테르스란트(Witwatersrand)에서 금광이 발견되었다. 공화국 정부는 이 지역을 국유화하고, 밀려드는 영국인 채굴자를 지구별로 나누어 채굴권을 내주는 제도를 시행했다. 1889년에는 지표 가까이에서 굵직한 금광맥이 발견되어 남아프리카는 일약 세계 최대의 금 생산지로 거듭났다.

영국은 네덜란드 이민자들의 후손이 세운 트란스발 공화국, 오렌지 자유국(Orange Free State)을 병합해 세계 최대의 금과 다이아몬드 지배국이 된다는 야심 찬 계획을 세웠다. 금과 다이아몬드에 혈안이 된 영국이 묻지도 따지지도 않고 일으킨 마구잡이식 침략 전쟁이 보어전쟁(Boer War, 1899~1802년)으로 불거졌다. 세계 경제를 지배하려면 남아프리카의 막대한 금이 수중에 들어와야 했기에 영국은 무력 침략도 불사한 것이다. 이 시기 세계 각국에서 일어난 골드러시는 결국 영국의 경제 패권을 뒷받침해주는 침략의 첨병 역할을 했다.

유럽에 퍼진 금본위제

유럽 각국은 패권 국가인 영국을 본받아 너 나 할 것 없이 금본위제를 도입했고, 1870년대에는 유럽 전체로 퍼져 나가 국제 금본위제가 확립되었다.

19세기 중반 일련의 골드러시로 세계적으로 금 공급량이 비약적으로 증가해 금 가격이 대폭 하락하며 상대적으로 은 가격이 상승했다. 1850년에는 금화의 약 3배에 달하는 양의 은화가 유통된 데 비해, 1860년대에는 금화와 은화의 양이 거의 엇비슷해졌다. 1850년부터 1865년에 걸친 시기는 세계 화폐사에서 '금의 홍수기'라고 부를 만한 시대였다.

1871년이 되면 프로이센-프랑스 전쟁에서 승리한 독일이 통일화폐로 마르크를 채택하고, 금본위제 이행을 결정했다. 전쟁에서 패한 프랑스에서 받은 배상금 50억 프랑이 금본위제 이행 기금으로 조성되었다. 독일은 원래 은본위제로 탈러(Thaler) 은화를 사용했는데, 독일 정부는 새로 20마르크 금화와 10마르크 금화를 주조했다. 시중에 유통되던 탈러 은화는 회수하여 은괴로 매각했다.

1907년에는 은화 유통이 금지되었고 1909년에는 금화와 은행권만 유통할 수 있게 하며 독일은 금본위제를 확실히 이행하게 되었다. 통화 전환에는 많은 시간이 필요함을 알 수 있는 사례이다.

독일의 금본위제 이행은 국제 은 가격의 하락을 불러왔고, 유럽이 국제 금본위제로 전환하게 되는 큰 흐름을 만들어냈다. 1872년에는 스웨덴, 덴마크, 1874년에는 네덜란드, 노르웨이, 1882년에는 스페인이 금본위제로 이행했다.

일본의 금본위제와 엔화

청일전쟁에서 승리한 일본도 시모노세키 조약으로 챙긴 거액의 배상금과 랴오둥반도 환부 보상금, 웨이하이 전투 배상금(2억 3,000만 양, 3,800만 파운드, 약 3억 6,000만 엔)을 바탕으로 1897년에 금본위제를 확립하고 750그램의 순금을 1엔으로 정했다.

참고로 일본 '돈'의 단위인 '엔'은 1871년 신화조례(新貨条例)에 의해 탄생했다. 사가번 출신의 정치가로 훗날 총리 자리에 오르는 오쿠마 시게노부(大隈重信)는 1869년에 새로운 화폐는 원형으로 만들고 단위는 10진법으로 해야 한다는 등의 의견을 내놓았다. 메이지 정부는 이 안을 받아들여 신화폐안을 만들고, 이를 토대로 신화조례가 제정되었다. 이렇게 근대 국가를 건설하기 위한 새로운 통화 제도가 확립되었다.

메이지유신 무렵 일본 국내의 금·은 대비 가격은 금 1에 은 약 4.1이었는데, 당시 국제적 금·은 대비 가격은 금 1에 은 약 15가 일반적으로, 일본의 금 가격은 국제 시세보다 훨씬 저렴했다. 그래서 개국 전후로 대량의 금이 일본 밖으로 빠져나갔다. 일본은 엄청난 손실을 입었지만 대신 대량의 멕시코 은이 일본으로 들어왔다. 엔의 통화 단위는 그렇게 멕시코 은 단위와 합해 만들어졌다.

동아시아의 국제통화는 오랫동안 마닐라·갈레온 무역으로 들어온 양질의 멕시코 은화였다. 그런데 영국이 대량의 홍차를 중국에서 수입하게 된 19세기 초반에 영국에 의해 대량의 멕시코 은이 광저우로 흘러들어 왔다. 또 19세기 중반에 유럽이 금본위제로 이행하자 불필요해진 스페인 달러 은화가 대량으로 중국으로 들어왔다.

영국은 중국 진출의 거점으로 삼은 홍콩에서 홍콩 달러를 발행했는데, 중국인을 위한 표시로 '홍콩 1원(圓, 일본식 한자는 円이다-옮긴이)'을 사용했다. 일본 정부가 홍콩 주조국의 조폐 기계를 사들였을 때 그 문구를 보고 일본의 은화를 부르는 이름으로 도입했다는 설이 있다.

세계 경제를 조종했던 금

1900년에는 미국도 금본위제로 이행했다. 제1차 세계대전이 시작된 1914년에 금본위제를 채택한 나라는 57개국을 헤아릴 정도로 늘어났다. 금이 국제무역의 결제 수단으로 일원화되었고, 금을 매개로 하는 고정 상장제가 형성되었다. 금본위제에서는 금이 유출되면 화폐가 금과 연동해 하락한다. 통화의 가치에 따라 수출량과 수입량이 변동하고 수출입 불균형이 시정되는 메커니즘으로 금은 세계 경제를 통제하게 되었다.

무역에서 경상흑자를 누적해온 영국은 '파운드'와 금 교환을 보증하고 다른 통화와 무제한 교환해주는 '세계의 은행'으로서, 막대한 양의 금을 장기간에 걸쳐 투자해 전 세계의 금을 순환시켰다. 런던의 롬바드가가 국제 금융의 중심으로 자리매김했고, 대량의 금이 보증해주는 파운드가 세계 경제의 혈액 역할을 도맡았다.

남북전쟁과
미국의 통화 통일

병사와 농민의 '돈', 그린백

미국이라는 거대한 나라가 본격적으로 세계 경제에 두각을 나타내며 겪은 첫 시련은 남북전쟁이었다. 남북전쟁은 북부의 공업자본이 미국을 제패하고 시장을 재편한 전쟁으로, 전후에 북부 자본은 높은 보호관세를 설정해 국내 시장을 보호하는 한편, 대규모 서부 개척에 나섰다.

1861년에 역사상 최대 내전으로 꼽히는 남북전쟁이 발발하자 미국 연방의회는 달러와 금의 태환을 정지했다. 전쟁을 치르려면 막대한 전비가 필요했기에 1863년에는 전국 통화법, 이듬해에는 개정 국법은행법(National Bank Act)을 제정하고 연방 정부에 은행 설립 허가권을 인정하였다. 연방의 통화 감독관이 국법은행의 면허권을 틀어쥐게

1862년에 처음 발행된 1달러짜리 '그린백'

된 것이다.

또한 국법은행은 발권 은행들이 사들여 재무부에 위탁한 연방채권의 90% 범위 안에서 은행권을 발행해도 좋다는 인가가 떨어졌다. 재무부는 전쟁을 수행하기 위해 합중국 지폐(United States Note)라는 불환지폐를 발행했다. 지폐를 녹색 잉크로 인쇄해 '그린백'이라는 별명이 붙은 합중국 지폐는 정식 명칭보다 별명으로 더 유명하다.

그린백 발행액은 1862년부터 1863년에 걸쳐 4억 3,100만 달러에 달했다. 엄청난 돈을 찍어내자 인플레이션이 발생했고 1860년과 비교하면 물가가 2배나 뛰어올랐다. 전쟁에 패배한 남부 각 주에서는 물가가 9배, 임금이 10배 상승하는 가혹한 상황이 펼쳐졌다. 미국 전역을 인플레이션의 먹구름이 뒤덮었다.

남북전쟁이 끝나기 한 달 전에 연방의회는 앞으로 모든 주법은행이 은행권을 발행할 때는 연이율 10센트를 과세하겠다고 결정하여, 그린백 남발로 인한 인플레이션을 어떻게든 진정시켜보려 했다. 그러자 기득권을 지키려는 주법은행은 수표를 이체하는 예금을 시작해 대항했다.

남북전쟁이 끝나자 재무부는 1866년부터 그린백을 회수해 인플레이션을 해소하려고 했다. 그러나 그린백은 전장에서 싸운 병사와 농민에게 지급된 '돈'이었다. 그들은 연방 지폐인 그린백을 정화(正貨)로 태환해주고, 회수를 중지하여 그린백이 계속 '돈'으로 사용될 수 있게 해달라고 요구했다.

그들이 민간은행인 국법은행이 지폐를 발행하는 대신 연방 정부가 지폐를 발행해달라고 요구했다는 사실로도 알 수 있듯, 동부의 은행가가 아니라 국가가 통화를 관리해야 한다는 사고방식이 밑바탕에 깔려 있었다. 그린백의 회수가 경기를 악화시킨다는 목소리가 높아졌다.

1867년에 유럽 주요국 대표가 파리에서 만나 금을 유일한 발권 준비, 지급 수단으로 삼겠다는 결정을 내렸다. 이에 따라 1873년에는 미국에서도 달러 은화를 주조에서 제외하였고, 5년 후에 그린백을 금으로 태환했다. 국법은행권은 그린백과 맞교환할 수 있었기에 미국의 금본위제 이행 행보의 가닥이 잡혔다.

국법은행 제도와 지폐의 통일

1863년에 국법은행법이 제정될 때까지 미국에서는 약 1만 6,000개의 은행이 7,000종류 이상의 지폐를 발행했기에 국법은행권 발행은 그 의미가 컸다. 국법은행권이 미국 지폐를 통일했다는 예상 밖의 결과로 이어진 것이다.

주법은행권에는 2%, 나중에는 10%의 발행세가 부과되었고, 국법은행권은 여러 주에서 화폐 지위를 확립했다. 불안정한 주법은행권이 안정적인 국법은행권으로 바뀌며 미국 경제는 안정적으로 성장할 수 있는 토대를 다졌다. 이렇게 미국의 통화가 출현했다.

철도 왕국 미국

미국에서는 1830년에 볼티모어(Baltimore)에서 캐럴턴(Carrollton) 까지 21킬로미터, 사우스캐롤라이나주의 찰스턴(Charleston)에서 햄 버그(Hamburg) 사이에서 증기기관차가 달리기 시작하며 철도 건설 시대가 막을 올렸다. 이후 워낙 광대해 이동이 불편했던 미국은 개척 의 대동맥으로 철도 건설을 급속하게 진행하였고, 인프라를 갖추며 철도 왕국으로 급성장했다.

대서양과 태평양이라는 두 대양 사이에 자리한 미국은 해양 제국 영국에 도전하기 위해 대서양 연안에서 서쪽 끝까지 철도를 연장해 두 대양을 연결해야 한다고 생각했다. 동부 연안에서 남쪽 땅끝인 혼 곳을 우회해 중국으로 가려면 100일에서 150일이나 걸리지만, 서부 연안에서는 중국까지 30일밖에 걸리지 않는다. 1850년대에는 골드 러시가 일어나 샌프란시스코를 중심으로 한 태평양 연안에도 철도 건설 열풍이 불어닥쳤다.

1861년부터 시작된 남북전쟁 때문에 대륙 횡단 철도 건설이 일시적으로 중단되었지만, 전쟁이 한창이던 1862년에 태평양 철도법을 근거로 동에서 서를 향해 철도를 건설하는 유니언 퍼시픽 철도 회사(Union Pacific Railroad Company), 1864년에는 서에서 동으로 철도를 건설하는 센트럴 퍼시픽 철도 회사(Central Pacific Railroad Company)가 국책 회사로 설립되었다. 인간이 거의 살지 않는 광활한 지역에 철도를 건설한다는 계획이었다.

서부 철도망은 미국이라는 거대 국가의 인프라로서는 결정적인 의미를 지녔으나, 당장의 수익은 전망할 수 없었다. 그래서 정부는 철도 회사가 철도를 40마일을 건설할 때마다 선로 양측에 놓인 광대한 토지를 불하하고, 1마일(1.6킬로미터)을 건설할 때마다 상환 기간 30년에 연리 6%인 액면가 1,000달러의 국채 16계좌를 제공했다. 구릉지에서 철도를 건설하면 2배, 산지에서는 3배에 달하는 건설 비용을 제공하기도 했다. 철도 회사에 막대한 이권을 보장해 장대한 철도 건설을 완수한다는 목표였다. 이로서 철도 건설은 사익을 챙길 수 있는 투자 대상이 되었다.

1869년에 유타주의 프로먼토리 서밋(Promontory Summit)에서 유니언 퍼시픽사와 센트럴 퍼시픽사의 두 철도가 이어져 약 2,860킬로미터에 달하는 최초의 대륙 횡단 철도(Transcontinental Railroad)가 완성되었다. 그러나 동부에서 중서부까지는 기존의 철도를 갈아타고, 철교가 가설되지 않은 미주리강(Missouri River)은 페리보트로 건너야 했기에 횡단에는 8일에서 10일이라는 상당한 시일이 소요되었다.

대륙 횡단 철도뿐 아니라 광대한 지역에 흩어져 사는 국민에게는 많은 철도가 필요했다. 남북전쟁 이후 미국에서는 마치 번갯불에 콩구워 먹는 듯한 속도로 철도 건설이 진행되었다. 동시에 광범위한 지역에서 이민을 받아들이며, 철도 건설과 이민이 맞물려 고도의 경제 성장을 실현했다. 1860년부터 1890년대에 걸쳐 미국의 철도는 약 4만 8,000킬로미터에서 약 25만 6,000킬로미터로 30년 동안에 5배 이상 증가했다.

철도가 탄생시킨 빅 비즈니스

철도는 다른 산업 분야와 비교해 엄청난 설비 투자가 필요하다. 게다가 광대한 지역에서 복잡한 운행 업무를 효율적으로 처리해야 하기에 새로운 조직이 필요했다. 1857년에 펜실베이니아 철도의 사장인 존 에드거 톰슨(John Edgar Thomson)은 실제로 열차를 운행하는 복수의 사업 단위로 나뉘는 현업 직능별 조직과 회사 전체를 관리하는 기능 조직을 구별하고 상호 결합하는 시스템을 고안했다. 훗날 라인-스태프 구조(Line-staff organization)라고 부르게 된 조직 체제다. 이 조직 체제 덕분에 엄청난 인원이 효율적으로 움직일 수 있게 되었다.

　회계 면에서도 거액의 캐시 론(cash loan, 금전대차)을 파악하기 위한 연구가 진행되어 재무 회계, 자금 회계, 원가 회계로 나눈 회계 시스템이 확립되었다. 서부에 철도를 건설하기 위한 막대한 자금은 동부의 도시에서 조달되었는데, 1850년대 뉴욕에서 외환 거래 업무를 주로 하던 수입 상사가 철도 관련 증권을 팔기 시작했다.

　1850년대 후반에 이르러서는 외자를 유치하는 뉴욕 증권 거래소가 성황을 맞이했다. 뉴욕 증권 거래소는 많은 기업이 자본과 직원을 조달하는 장으로 미국 경제를 이끄는 견인차 역할을 했다.

　철도는 종합 산업이다. 철로는 제철업을, 기관차와 차량 제조는 기계 산업을 육성했다. 미국의 중공업을 비약적으로 성장시켜 1860년에 세계 4위에 불과하던 공업 생산액을 1900년에는 세계 1위로 뛰어오르게 만든 공신이 철도 건설이었다.

　1900년에 미국의 국민 총생산(GNP)은 187억 달러로, 영국의 100억 달러의 약 2배가 되었고, 공업 생산액에도 세계의 23.6%를 차지하게 되었다. 참고로 영국은 약 18.5%였다. 대량의 이민자가 유입되며 인구 측면에서도 미국은 영국의 2배 가까운 인구를 거느린 대국으로 성장했다. 당시 영국 인구가 4,116만 명, 미국 인구는 7,609만 명이었다.

미국 국내의 금본위제로의 움직임

철도 건설을 축으로 초고속으로 진행된 서부 개발은 미증유의 투기 열풍을 일으켰다. 철도 건설에 동반된 투기, 공장에 대한 투기, 서부의 농민이 동부의 금융 자본에서 거액의 빚을 내 이루어진 개척이 맞물려 경제는 활황을 누렸으나, 과잉 투자로 1873년이 되자 공황이 발생했다. 돈을 대주던 동부와 인플레이션으로 위기에 내몰린 서부 사이에 대립의 골이 깊어졌다.

금융에서 시작된 대립은 금본위제를 주장하는 동부와 지역에 풍부한 은광을 보유해 은화의 부활을 노리는 서부가 대립하는 형태로 격화되었다. 미국에서는 전 세계적으로 금본위제를 시행하는 추세와 역행하는 목소리가 터져 나왔다. 대규모 은광을 가진 서부에서는 금은 복본위제를 부활시켜 바닥을 친 경기를 끌어올리자는 주장에 힘이 실렸다.

재무부는 월 200만에서 400만 온스의 은을 시장 가격으로 사들여 은 예금과 교환해 은 증서를 발행했고, 은 가격을 유지하기 위해 국제협정 체결을 추진했다. 그러나 국제적인 은 가격 하락은 이미 멈출 수 없는 대세였다.

인플레이션론자는 "그린백보다 금은 복본위제를"이라는 구호를 내걸고 민주당에 압력을 행사해 정부가 은을 사들여 달라고 요구했다. 1890년에는 셔먼 은 매입법(Sherman Silver Purchase Act)이 제정되었다. 재무부가 당시 은 생산량의 거의 전부를 사들인다는 내용이었다. 이 법안이 발효된 결과 인플레이션이 진행되었다. 그러나 금본위제 이행은 국제적 흐름으로, 은 가격은 바닥을 모르고 추락했다.

1900년에는 공화당 소속으로 당선된 윌리엄 매킨리(William McKinley) 대통령 재임기에 금본위법(Gold Standard Act of 1900)이 성립되었다. 민주당을 지지하는 세력인 자유 은 운동(free silver movement)은 패배의 쓴맛을 보아야 했다. 1885년에 남아프리카 트란스발에서 세계 최대의 금광이 발견되었고, 1899년에 인도가 금환본위제를 채택한 시대적 배경이 자리하고 있었다. 금본위제로의 이행은 세계적인 추세였고 이미 걷잡을 수 없는 시대의 변화였다.

19세기부터 20세기에 걸쳐 유럽에서 미국으로 이주한 4,000만 명의 이민자는 철도망을 이용해 미국 대륙의 오지로 이주했다. 서부 개척민 수는 남북전쟁 후 30년 사이에 인구로는 2.5배, 농장 수로 치면 3배로 늘어났다. 미합중국의 고도 경제 성장은 철도와 서부 개척으로 만들어졌다고 해도 과언이 아니다.

제2차 산업혁명과
은행의 변모

강철과 전력이 세계를 바꾸어놓았다

19세기 말이 되자 강하면서도 유연한 '강철(steel)'이 신소재로 등장해 기계, 선박, 건축, 무기 등 다방면에 활용되며 사회의 모습을 뒤바꿔놓았다. 화학섬유, 화학비료 등의 화학제품과 자동차 등이 새로운 전략상품으로 등장했고, 동력원으로는 석탄을 대신해 석유와 전력이 등장했다. 산업 구조가 극적으로 변동했다. 19세기 말부터 진행된 중화학 공업화를 '제2차 산업혁명'이라 부른다. 새로운 시대의 변화는 철강과 석유가 뒷받침했고 상품 질서는 재편되었다.

용광로에서 철광석으로부터 선철(pig iron, 불순물을 다량 포함해 부서지기 쉬운 철)을 만들어내는 제철업은 산업혁명과 철도망 확대로 선철 수요가 급격하게 증가하며 성장했다. 그러나 선철은 주물을 만드는 재료였기에 경도가 부족했다. 드디어 철의 탄소 함유량을 낮추면 강도가 높아진다는 사실을 발견했다. 선철에 대량의 공기를 주입해 불필요한 탄소를 탄화시켜 제거하는 베세머 법(Bessemer process)이 고안되어 전로(轉爐, 철을 강철로 전환하는 전환로라는 뜻)가 보급되었다.

새로운 발견과 발명이 이어지며, 열을 가해 두드려 늘리는 방식으로 모양을 잡을 수 있는 강한 철인 연철, 더 균질해 탄소 함유량이 낮은 강철이 만들어지게 되었다. '무른 철' 시대에서 '강한 철' 시대로 이행한 것이다. 19세기 말에는 연간 3,300만 톤의 철강 생산이 이루어졌다.

강도가 높은 강철은 대형 기계를 비롯해 다양한 기계 제조를 가능하게 했고, 중화학 공업 시대를 탄생시키는 원동력이 되었다. 그러나 산업혁명을 주도한 영국은 이 기술혁신에 맞추어 기존의 공업 시설을 재구축하지 못해 강철 생산에서 미국과 독일에 추월당했다. 산업혁명으로 세계 최강국으로 도약한 해가 지지 않는 나라 영국에서 해가 저물기 시작한 것이다. 영국을 누르고 세계 1위 자리에 오른 미국은 1870년대부터 1890년대에 걸쳐 철강업이 5배로 급성장했다.

주식회사와 투자은행의 등장

제2차 산업혁명으로 설비 투자가 늘어나자 컴퍼니에서 주식회사(Joint Stock Company)로 사업 형태가 변화했다. 근대적인 주식회사 시스템이 출범했다. 근대의 주식회사는 주주 평등(1주 1표)·자본 다수결(보유 주 수에 따라 다수결) 원칙을 바탕으로 삼아, 주주총회가 최고 의사결정 기관으로 결정을 내렸고 주식 매매는 자유로웠다. 기업은 수많은 주주로부터 자본을 조달했다.

'돈'은 '주식'으로 모습을 바꾸어 이윤 추구 기능을 담당하게 되었다. 이윤을 추구하는 '돈'의 몸값이 높아졌다.

기업 투자를 목적으로 하는 은행을 영국에서는 머천트 뱅크(merchant bank, 상업은행)라 불렀다. 신용도가 낮은 상인의 의뢰를 받아 상인의 서명을 보증하던 상관(商館)이 은행 설립을 고안하며 붙은 이름이다. 머천트 뱅크는 상업어음을 인수하고 증권 업무 등에 특화된 1770년의 베어링스 컴퍼니(Barings Company)를 전신으로 삼고 있다.

투자은행(증권회사)으로는 1837년에 프랑스에서 설립된 상공 중앙금고가 최초다. 예금은행이 비교적 영세한 예금을 맡았던 반면, 투자은행은 거액의 자기 자본과 산하의 자본으로 기업에 자금을 대출하는 업무를 맡았다. 주식과 회사채 발행 준비, 투자 또는 증권 인수 그룹 조직, 주식과 회사채 판매, 발행이 완료된 증권에 관한 금융 사무 대행 등으로 철도, 철강업, 광산업 등이 필요로 하는 거액의 '돈'을 조달했다.

설비 투자 금액이 천문학적인 숫자에 이르자, 다수의 대중으로부터 거액의 화폐를 모은 소수의 기업이 생산을 담당하는 카르텔이 등장했다. 1870년대에서 1880년대에 걸쳐 가격협정, 판매협정, 시장협정 등의 기업 간 느슨한 통합 카르텔이 결성되었다.

1880년대 후반이 되면 거대한 회사가 주식을 소유해 타사를 지배하는 트러스트(trust)가 석유, 철강, 설탕, 철도 등의 산업 분야에 등장해 소수의 기업이 고이윤을 확보하는 새로운 판도가 구축되었다. 19세기 말 미국에서는 고작 200개의 대기업이 전체 주식회사의 2분의 1을 산하에 두었다.

막대한 설비 투자가 필요한 시대에는 자본 조달이 사회적으로 큰 의미를 지니게 된다. 은행이 대형화했고, 19세기 말에는 금전 신탁(money trust)이 형성되었다. 미국 금융의 주역은 상업은행이 아니었다. 철도 투자, 정부의 공채 인수 등으로 재산을 불린 모건, 록펠러, 카네기 등의 자산가가 금융이라는 무대에서 주역을 맡았다. 그중 모건은 서부 철도 건설에 적극적으로 투자해 1890년대에는 12개의 철도 회사를 지배했고 다수의 은행, 신탁은행, 보험회사를 산하에 거느린 대자본으로 성장했다.

재벌 모건과 록펠러

산업혁명 시기 영국의 근대 기업은 컴퍼니의 영역을 벗어나지 못해 소규모에 머물렀다. 현재의 거대 기업의 원형이 된 빅 비즈니스는 광활한 지역에 걸친 노선을 관리하고 수만 명의 직원을 통솔하는 미국의 철도 회사에서 뿌리를 찾을 수 있다.

철도 회사는 조직에서 권한과 책임을 명확하게 구분하는 군대식 관리 체제인 라인-스태프 구조를 확립했다. 동시에 자본 산정과 영업비 산정 구별, 영업 수입과 영업 지출의 비율 조정 등의 재무 개선, 원가 회계 도입 등으로 근대적 인사, 재무 체제를 확립하고 거대 기업의 경영 모델을 완성했다.

유럽을 제치고 세계 최고의 공업 국가 지위를 꿰찬 미국은 기업 경영 측면에서도 유럽에서는 볼 수 없던 빅 비즈니스로 사업 및 기업 규모가 성장해 거대 은행이 많은 기업을 지배하게 되었다. 1903년에는 전체의 1%에 해당하는 은행과 기업이 국부의 50%를 지배했다. 신흥국인 미국은 '돈'의 기능을 확대해 '황금시대'라 불리는 경제의 급격한 팽창기에 난폭한 투자와 매수로 성장한 괴물 같은 대기업을 단숨에 탄생시켰다.

이러한 상황에서 미국 경제의 대부분은 모건가와 록펠러가가 지배했다.

17세기에 영국에서 이주한 J. P. 모건(John Pierpont Morgan, 1837~1913년)은 뉴욕에서 은행을 창설했다. 남북전쟁이 시작되자 무기와 금 매매로 큰돈을 벌었다. 이후 모건은 작은 철도를 사들여 철도왕 조지 밴더빌트(George Vanderbilt)에게 접근했다. 모건과 밴더빌트는 신탁회사인 웨스턴 유니언(western union)을 매수해 주식 투기로 거액을 벌어, 미국 전국의 전신과 전화, 전등 회사를 지배했다. 이후 세력을 확장해 대형 철도 회사 매수에 나섰다. 제너럴 일렉트릭(General Electric)과 US 스틸(U.S. Steel) 등을 차례로 장악한 것이다. 이윽고 J.P.모건앤드컴퍼니(J.P. Morgan & Co.)는 개런티 트러스트 은행(Guaranty

은행 통제권을 쥐고 있는 J. P. 모건의 만화

Trust Bank)과 합병해 모건 개런티트러스트(Morgan Guaranty Trust Co.) 을 탄생시켰다. 또 퍼스트 내셔널 은행(First National Bank)을 계열사로 거느리게 되며 아메리카 은행을 지배할 수 있게 되었고, 투자은행인 모건 스탠리 뱅크스 트러스트(Morgan Stanley banks Trust)를 완성했다.

한편 존 데이비슨 록펠러(John Davison Rockefeller, 1839~1937년)는 남북전쟁에서 여러 물자를 판매하고 주로 석유 정제 사업으로 돈을 벌었다. 록펠러는 1870년에 스탠더드 석유 회사(Standard Oil)를 세우고, 수단과 방법을 가리지 않고 합병을 추진해 1879년에는 미국 전역의 95%의 석유를 지배했다. 록펠러는 수많은 발전소를 지배했고 구리 광업회사인 아나콘다 코퍼(Anaconda Copper)를 만들어 유니언 퍼시픽 철도를 매수했다. 체이스 맨해튼 코퍼레이션(Chase Manhattan Corporation), 시티 내셔널 뱅크 & 트러스트 컴퍼니(City National Bank and Trust Company)도 계열사로 편입시켰다.

미국 연방준비제도

미국의 '돈' 역사에 한 획을 그은 사건은 두 세력의 대립으로 발생했다. 연방 정부의 권한을 강화하자는 연방주의자와 주의 권한을 옹호하는 주권론자(states' righters)의 대립이었다. 연방주의자는 미국도 잉글랜드 은행처럼 중앙은행이 필요하다고 주장했다. 이들의 주장이 받아들여져 1791년에 20년 면허 기간을 가진 합중국 은행, 1816년에 마찬가지로 20년 면허 기간을 가진 제2 합중국 은행을 설립했으나 모두 폐지되었다. 중앙은행이 힘을 쓰지 못하며 미국에서는 민간은행이 은행권을 발행할 수 있는 프리 뱅킹(Free banking) 시대가 이어졌다.

주 정부는 은행에 '돈'을 발행하는 권한을 주고 채권 등을 위탁해 은행권 거래소의 평가에 기반을 둔 은행권 교환 시스템을 갖추는 등 어떻게든 통화 시스템을 유지했다. 그러나 중앙은행의 부재는 통화 발행량 조달로 공황을 방지한다든지, 달러를 국제통화로 신임을 얻게 하는 일 등에 걸림돌로 작용했다.

미국 경제는 급성장을 거두었으나 달러는 국제통화로 인식되지 못했다. 그래서 무역 결제에 여전히 파운드를 사용할 수밖에 없었고 대출과 결제 수수료 등의 명목으로 많은 '돈'이 영국으로 흘러들어 가는, 쉽게 말해 재주는 곰이 부리고 돈은 주인이 버는 상태가 이어 졌다.

1907년에 금융 공황이 발생하자 '월가의 제왕'이라 불리던 모건 가를 중심으로 영국의 잉글랜드 은행을 모델로 삼아 중앙은행을 설 립하자는 목소리가 터져 나왔다. 중앙은행이 생기면 경기 후퇴 시 금 리를 낮추고 통화의 공급량을 늘려 경기를 자극할 수 있다.

공황 후에 금융 제도 재편이 진행되는 과정에서 1912년 미 하원 의 은행통화위원회가 조사한 바에 따르면 월가의 금융 지배 실태가 여실히 드러났다. 때마침 치러진 대통령 선거에서 민주당 소속 윌슨 은 중앙은행이 월가의 금융 지배 수단이 될 위험성이 있다고 지적해 대통령 선거에서 승리했다. 그러나 민주당과 공화당은 이후 타협하 여, 윌슨 정권 시기에 인구 분포를 기준으로 전국을 12개 지구로 나 누어 각 지역에 연방준비은행을 설치하는 법안을 통과시켰다.

그때 국법은행은 연방준비은행에 반드시 가입해야 했으나, 주법 은행의 가맹은 자유에 맡겨졌다. 복잡한 연방준비제도는 영국에서 독립한 후 미국 역사에 아로새겨진 연방주의와 주권주의가 타협한 산물이었다.

연방준비은행은 가맹은행에서 출자를 받아 다시 가맹은행에 돈을 빌려주고, 상업어음을 담보로 잡고 은행권을 발행했다. 이러한 연방준비은행의 감독과 조절을 맡을 기관으로 연방준비국(Federal Trade Board)이 설립되었다. 연방준비국은 1935년에 제정된 은행법에 따라 연방준비제도이사회로 조직이 개편되어 오늘날에 이르렀다. 연방준비제도가 발전하면서 달러는 마침내 자립한 화폐라는 지위를 확립했다.

제5장

지구를 둘러싼 달러

20세기 전반 두 번의 세계대전을 겪으며 유럽 각국은 몰락했고 세계 금의 3분의 2 이상이 세계의 군수공장, 농업창고 역할을 맡았던 미국으로 집중되며 달러가 유일하게 금과 교환할 수 있는 '세계통화'로 신임을 얻게 되었다. 달러가 '세계의 돈'이 되어 날개를 달고 세계를 누비며 세계적인 단일 경제권을 구축하는 원동력이 되는 시대가 찾아온 것이다.

20세기 전반 두 번의 세계대전을 겪으며 유럽 각국은 몰락했고 세계 금의 3분의 2 이상이 세계의 군수공장, 농업창고 역할을 맡았던 미국으로 집중되며 달러가 유일하게 금과 교환할 수 있는 '세계통화'로 신임을 얻게 되었다. 달러가 '세계의 돈'이 되어 날개를 달고 세계를 누비며 세계적인 단일 경제권을 구축하는 원동력이 되는 시대가 찾아온 것이다.

그런데 주의 권한이 강한 미국에서는 오랫동안 연방 정부와 주 정부가 인정하는 은행이 각자 은행권(통화)을 발행하고 있었고, 남북전쟁 전에는 약 700종이 넘는 '돈'이 유통되는 경제적 혼란 상태가 이어졌다. 미국의 '돈'에 대한 사고방식은 세계적으로도 아주 특수한 사례다. 그 특수한 사고방식이 강력한 통화인 달러와 함께 세계화되어 수많은 문제를 양산하는 원인이 되었다.

미국에서 중앙은행에 해당하는 연방준비제도는 제1차 세계대전이 발발하기 한 해 전에야 갖추어졌다. 이 사실이 보여주듯 미국은 '돈' 운용 면에서 세련된 문명이 아니었다. 수많은 은행이 느슨한 규제하에서 '돈'을 찍어내던 미국 특유의 '화폐관'은 미국 특유의 카드회사라는 발상으로 이어졌고, 스톡(stock)의 관점이 아닌 플로(flow)의 관점에서 돈을 그리는 발상으로 이어졌다. 미국에서 '돈'은 욕망을 충족하기 위한 가장 빠른 투기와 투자 수단이라는 개념이 자리 잡았다.

달러의 대두와
파운드의 몰락

세계대전이라는 총력전으로 몰락한 유럽

제1차 세계대전은 독일, 오스트리아, 터키, 불가리아 4개국과 협상국 측 27개국이 싸운 전쟁이었다. 유럽을 전장으로 삼아 공전의 대전쟁이 펼쳐졌다. 이 전쟁에서 독일이 승리하려면 단기간에 결판을 내는 수밖에 방법이 없었다. 전쟁이 시작되자 독일은 전 육군 참모 총장 알프레트 폰 슐리펜(Alfred Graf von Schlieffen)이 1905년에 정리한 도상 작전 계획에 기초해 동원 체제가 늦었던 러시아가 전쟁 태세를 갖추기 전에 프랑스에서 항복을 받아내고, 군을 동쪽으로 유턴시켜 러시아를 친다는 단기 결전 작전을 채택했다. 계획이 성공한다면 6주 만에 전쟁을 마칠 수 있었다. 전쟁이 단기간에 끝나리라는 예측은 프랑스의 참모 본부도 마찬가지였다.

그러나 계획과 달리 전쟁은 장기화 국면에 접어들었고, 전쟁이 시작되기 전엔 누구도 예측하지 못했던 남녀노소 일반 시민을 끌어들인 '총력전(total war)'으로 발전했다. 무기의 발달은 원거리에서 대량 포격을 가능하게 만들어 병사와 시민 사이의 구분을 무력화한 무서운 전쟁이 이어졌다. 폭격기는 상공에서 무차별 폭격을 퍼부었고 원자폭탄과 미사일 등이 등장해 전쟁의 양상이 달라졌다. 군인과 시민을 구별할 수 없게 되었고 전선과 후방의 구분이 모호해졌다.

유럽은 어리석게도 총력전에서 19세기 내내 전 세계에서 모은 부를 통 크게 탕진했다. 제1차 세계대전에 따른 변화로 19세기 세계 질서는 극적으로 붕괴했다. 말 그대로 '유럽의 몰락'이다.

참고로 초기 마른 전투(Battle of the Marne)의 폭약 소비량은 러일전쟁의 총 폭탄 소비량과 맞먹었고, 독일과 프랑스 양국은 10월이 되자 비축해둔 탄약을 모두 소진했다. 1916년 베르됭 전투(Bataille de Verdun)에서는 3개월 동안에 독일과 프랑스 양군이 퍼부은 탄약이 2,700만 발, 양군의 사상자는 각각 50만 명에 달했다. 프랑스의 서부전선은 약 280킬로미터 길이에서 정체되었고, 독일과 프랑스 양군은 비참하고 소모적인 참호전을 장기간에 걸쳐 되풀이했다. '총력전'에는 대량의 병사가 필요하여 영국에서 약 900만 명, 프랑스에서 약 850만 명, 러시아에서 약 1,200만 명, 독일에서 약 1,100만 명이 동원되었다.

달러 우위의 확립

제1차 세계대전이 시작되자 영국은 금화 지급을 중지하고 금 본위제를 폐지했으며 각국도 영국의 뒤를 따랐다. 금을 기축으로 조직된 국제 통화 제도의 취약성이 백일하에 드러났다. 그러자 국제 결제는 금 거래 자유가 유지되었던 뉴욕에서 이루어지게 되었고, 뉴욕에서 대량의 금이 유출되었다. 달러는 급락했고 일시적으로 40%나 가격이 내려갔다.

1913년 미국의 대외 채무는 45억 달러, 채권은 약 26억 달러에 달했다. 그러나 전쟁 중에 미국은 밀가루, 선박, 강철, 탄약 수출이 급격히 증가하며 연합국의 식량창고이자 병기 공장 역할을 전담하게 되었다. 세계대전 기간 미국의 밀가루 수출액은 3배, 강철 수출액은 5배 이상 뛰어올랐다.

미국의 유럽에 대한 수출액은 3배, 영국에 대한 수출액은 3.5배에 달했다. 유럽 각국은 그때까지 가지고 있던 미국 채권을 내놓고 거액의 자금까지 빌려 각종 물자를 사들였다.

1917년 4월, 연합국으로부터 거액의 채권을 보유하게 된 미국은 독일의 무제한 잠수함 작전을 구실로 내세워 제1차 세계대전에 참전했다. 1917년 9월 7일 자로 화폐, 금괴, 은괴, 통화 수출을 금지하는 대통령령이 발령되었다.

유럽 각국은 세계대전이 시작되자 금 수출을 금지해 자국의 통화 가치를 지키려 했으나, 막대한 재정 지출과 인플레이션 발생으로 통화 가치가 큰 폭으로 하락할 수밖에 없었다. 영국은 국민이 소유한 증권을 미국에 매각하거나, 증권을 담보로 잡고 국채를 발행해 여러 물자를 사들일 달러를 마련했다.

미국이 참전하자 각 연합국이 필요로 하는 달러 자금을 미국 정부가 무제한으로 대주었고, 이는 곧 연합국의 거대한 전쟁 채무로 이어졌다. 전후에 영국은 36억 9,600만 달러, 프랑스는 19억 7,000만 달러를 미국에 갚아야 했다.

1914년 말에 19억 2,600만 달러였던 미국의 금 보유액은 1917년 말에는 28억 7,300만 달러로 약 2배로 증가했다. 전후에도 높은 공업 생산력을 유지한 미국으로 유럽에서 금 유입이 이어졌다. 1921년에는 7억 달러의 금이 미국으로 흘러들어 왔다. 제1차 세계대전으로 달러는 세계 최강의 통화이자 세계통화로서의 지위를 확립했다.

달러 경제의 붕괴와
금본위제의 재건

독일의 하이퍼인플레이션

1917년 미국의 참전으로 제1차 세계대전의 전국은 순식간에 연합국에 유리한 쪽으로 기울었고, 1918년 마침내 독일이 항복했다. 1919년 1월에는 파리에서 강화 회의가 개최되었는데, 회의에는 패전국 대표도 소비에트 정부 대표도 초대받지 못했다. 승전국인 27개국만 참석한 회의는 쉽게 말해 승자들의 잔치였다. 회의에서는 미국, 영국, 프랑스, 이탈리아, 일본 5개국이 전반적인 이해관계를 가진 국가로 최고 회의를 구성해 주도권을 잡았다.

파리 강화 회의에서 프랑스는 독일에 대해 가혹한 보복에 나섰다. 총력전을 퍼부어 폐허가 된 자국 경제를 독일의 희생으로 다시 세우려는 속셈이었다. 프랑스는 모든 것은 독일의 잘못이고 막대한 전쟁 비용은 독일이 모조리 갚아야 한다는 논리를 내세웠다. 평화 확립과 군비 축소는 부수적인 목표였다. 보복이 총력전의 재발로 이어질 수 있다는 우려는 경제학자 케인스 등 일부의 몫으로 남았다.

독일은 베르사유 조약에 따라 모든 식민지를 포기하고 철광석의 약 90%를 산출하는 알자스로렌 지방을 프랑스에 반환했다. 또 석탄의 보고인 자르(Saar) 지방을 국제연맹이 관리하게 되었고, 인구의 약 10%, 유럽 내 영토의 13%를 상실했다. 파리 강화 회의에서 영국과 프랑스는 3,000억 금 마르크(순금 환산 10만 7,523톤)라는 황당한 배상금을 주장할 정도였다. 결국 1,320억 금 마르크(순금 환산 4만 7,310톤)라는 천문학적 액수의 배상금이 책정되었고, 배상금을 완전히 청산할 때까지 독일은 66년간 매년 20억 금 마르크(순금 환산 716.82톤)씩 갚아야 하는 의무가 있었다.

그러나 세계대전으로 심각한 타격을 입은 독일에 배상금을 갚을 능력은 없었다. 배상금이 연체되자 1923년에 프랑스군과 벨기에군은 지급 불이행을 구실로 독일 최대의 공업 지대인 루르 지방(Ruhrgebiet)을 점령하고 직접 배상금을 받아내려 했다. 이에 대항해 독일의 쿠노(Cuno) 내각은 국민에게 파업 등으로 저항할 것을 촉구했다.

파업의 결과 생산이 정체되었고 무시무시한 속도로 인플레이션이 진행되었다. 불과 몇 개월 사이에 마르크의 가치는 1조 분의 1로 떨어졌다. 빵 한 덩이를 사려면 가방 가득 채운 지폐 다발이 필요할 정도였다. '돈'의 가치가 종잇장과 다름없는 상태로 전락하고 말았다.

이 심각한 상황에서 독일의 중앙은행 라이히스방크(Reichsbank, 국가은행)는 지폐 발행을 정지하고 대신 발권 은행인 독일 렌텐 은행(Deutsche Rentenbank)을 창설했다. 농업, 상업, 공업을 아우르는 국내의 모든 자산을 담보로 금 마르크(Goldmark)와 동등한 가치를 지닌 렌텐마르크를 발행해 1렌텐마르크를 1조 마르크와 교환해 물가 상승을 억제했다.

1924년이 되면 중앙은행인 라이히스방크는 정부로부터 독립해 강제 통용력을 지닌 새 지폐 라이히스마르크를 발행하고 1조 마르크와 교환하도록 하여 인플레이션을 수습했다. 위기에서 탈출하기 위해 일시적으로 만들어진 독일 렌텐 은행은 해산되었다.

1924년에 미국의 도스 위원회는 독일 정부가 7%의 이자를 내면 외화 국채 8억 금 마르크를 미국과 유럽 각국이 발행해주는 조건으로 5년 동안의 배상금 지급 계획안을 구상하여, 독일이 라이히스마르크로 배상금을 지급할 수 있게 하였다. 이를 계기로 거액의 자금이 미국 등지에서 독일로 흘러들어 갔다. 프랑스군과 벨기에군은 1925년에 루르 지방에서 철수를 완료했다.

미국의 자금이 독일로 유입되고, 그 자금은 다시 배상금이 되어 영국과 프랑스에 건네져 이들 나라가 전쟁 중에 빌린 채무를 미국에 갚는 환류 시스템이 성립되었다. 독일 경제는 미국의 자금에 의존하는 불건전한 상태에 처하게 되었다.

주요국이 금본위제로 복귀

미국이 독일에 투자하고 독일이 배상금을 갚으며 미국의 '돈'이 유럽을 순환하게 되자 유럽 각국의 경제는 부흥의 길에 들어섰다. 해외무역에 의존하는 영국은 파운드 가격을 안정시키려고 물가를 억제하는 디플레이션 정책을 펴 금 준비를 증가시켰고, 1925년에는 금본위제로 복귀했다.

영국이 금본위제로 복귀한 후 네덜란드, 남아프리카 연방, 캐나다, 벨기에, 덴마크, 스위스, 이탈리아 등이 뒤를 따랐다. 1928년에는 노르웨이, 프랑스도 복귀했다. 일본도 선진국 클럽의 구성원이 되어야 한다는 생각에서 구평가(舊平價, old parity, 엔-달러의 고정환율제)에서 금본위제로 복귀하려 했고, 1930년에 금본위제를 복귀시켰다. 그런데 그 시기는 마침 세계공황 시기라 이때 펼친 디플레이션 정책으로 인하여 일본에서는 불황의 골이 더 깊어지고 말았다.

무리해서 전쟁 전의 금본위제로 복귀하지 않는 나라도 있었다. 예를 들어 프랑스는 프랑의 금량을 5분의 1로 줄인 새로운 금 프랑을 정했다. 또 많은 나라에서 금 부족 사태가 나타나 파운드 환전, 달러 환전을 활용해 금의 부족을 막아야 했다.

금본위제하에서도 많은 나라에서 금화가 아닌 지폐를 사용했기에 무역 대금을 결제할 때에는 금괴가 쓰였다. 그래서 제1차 세계대전 후의 금본위제는 금괴 본위제 혹은 금지금 본위제라 일컬어진다. 또 부족한 금을 보충하기 위해 달러 환전, 파운드 환전을 이용했기에 금 환전 본위제라 부르기도 한다.

어쨌든 짜깁기 방식으로나마 금본위제가 부활해 1929년에 미국에서 세계공황이 촉발될 때까지 세계 경제는 비교적 안정적인 상태를 유지할 수 있었다.

'번영하는 20년대'에서 세계공황으로

미국의 '번영하는 20년대'

제1차 세계대전에서 풍부한 금을 벌어들인 미국 경제는 1921년 부터 1929년에 걸쳐 연평균 6%의 성장을 거두었다. 자동차, 라디오, 가전제품, 전화 등의 새로운 산업 분야가 개척되었고 지방에서는 슈퍼마켓의 원형인 체인점이 판매망을 확산했다. 영화, 재즈, 프로야구, 미식축구 등의 미국을 상징하는 대중문화가 활성화되었다. 번영 속에서 주택 건설 열풍도 일어났다.

미국적인 삶(American way of life)을 뜻하는 대량생산·대량소비사회가 도래하였고, 이를 상징하는 아이템은 누가 뭐래도 자동차였다. 1929년이 되자 미국의 자동차 대수는 2,700만 대에 육박했다. 다섯 명 중 한 명이 자동차를 소유한 셈이다. 라디오도 1929년에는 세 집에 한 대 비율로 보급되었다.

생활양식은 정신없을 정도로 빠르게 변했고, 기업 합병이 진행되어 수익이 일부 대기업으로 집중하는 현상도 나타났다. 1929년에는 은행을 제외한 모든 분야에서 전체 기업의 0.04%에 불과한 200개 사가 자산의 절반, 이익의 43%를 차지하게 되었다. 또 부유층은 빈곤층의 20배에 달하는 소득을 얻는 등 무서울 정도로 빈부격차가 확대되었다.

세계공황으로 도움닫기

1920년대 미국에서는 투기열이 고조되고 주식 열풍이 일었다. 개인 자산의 40%가 주식 매수에 사용되었다. 주가의 급속한 상승을 기대하며 사람들은 주식을 소유했다.

주식 열풍은 연방준비은행이 금리를 인하하며 촉발되었다. 창설 후 얼마 지나지 않았던 연방준비은행이 잉글랜드 은행의 외화 준비액 감소를 방지하기 위해 1927년에 금리를 4%에서 3.5%로 인하했다.

상업은행은 연방준비은행에서 저렴한 이자로 '돈' 차입을 늘려 주식투자 열풍을 부추겼다. 상업은행은 자회사를 이용해 주식을 담보로 풍부한 투기 자금을 제공했는데, 대개 주식 상승을 전망한 신용대출이었다. 미래에 대한 낙관과 미국 경제에 대한 자신감으로 주식 열풍이 탄생했다.

뉴욕 시장의 주식은 점점 상승했다. 평균 주가는 1926년에서 1929년이라는 단기간에 2.2배까지 상승했다. 월가에 모인 '돈'은 대부분 주식 발행으로 자금을 조달하고 타사의 주식을 사들이는 회사형 투자신탁 자금이었다.

광산 기사에서 시작해 자수성가로 억만장자가 된 아메리칸 드림의 상징과도 같은 공화당 소속의 후버 대통령은 1928년에 "우리 주변에서 가난한 가정이 사라지고 있다. 오늘날 우리 미국인들은 역사상 어떤 나라보다도 빈곤에 대한 최후 승리에 더 가까이 가 있다"라고 연설했다. 그러나 주가 급상승은 실체를 동반하지 않은 속 빈 강정 같은 주가 거품에 지나지 않았다. 운명의 장난인지 대통령의 연설과 달리 이듬해에 공황이 시작되었다.

검은 목요일

1929년 10월 24일에 갑작스럽게 주가가 대폭락했고(검은 목요일, Black Thursday), 닷새 후에 다시 주가가 엄청난 기세로 바닥을 찍기 시작했다(비극의 화요일, Tragedy Tuesday). 신용 거래가 많았기에 추가 보증금 부담과 정보의 혼란으로 팔자 행진이 이어졌다. 대형 상업은행이 주가 하락을 방어하기 위해 적극 매입에 나섰으나 주가 하락을 막지 못했다.

11월이 되자 주가는 9월의 3분의 2가 되었고 급기야 7분의 1 수준까지 하락했다. 1929년 9월에 381달러였던 다우 지수 평균은

1929년 10월 29일 비극의 화요일 대폭락 직후,
월가에 모인 군중들

1942년에는 42달러까지 곤두박질치더니 마침내 11달러까지 하락
했다. 당연히 많은 사람이 파산해 거리에 나앉았다.

　정부는 6%였던 대부 이자를 0.5% 단위로 내렸고, 1931년에는
1.5%까지 내렸다. 그러나 금리 인하는 너무 완만하게 이루어져 효과
를 내지 못했다. 얼핏 호조로 보이던 경제를 과신해 결정적인 조치가
늦어진 것이다. 주식을 담보로 '돈'을 빌려 엄청난 손실이 발생한 은
행을 구제하기 위해 자금을 은행에 직접 투입하는 방안이 필요했지

만, 연방준비제도이사회는 인플레이션을 우려해 조치를 꺼리다 사태 악화를 초래하고 말았다.

주가 대폭락으로 상업은행의 연체가 늘어났고 기업 경영은 순식간에 악화 일로에 접어들었다. 원래 1920년대 빈부격차가 확대되어 고작 5% 국민이 모든 소득의 3분의 1을 차지하고, 80%의 가정이 저축이 없는 상태였기에 대량 생산된 제품은 팔리지 않고 재고로 쌓여만 갔다. 수요공급의 균형이 완전히 무너진 것이다.

주가 대폭락은 자동차 등의 제조 부문에 큰 타격을 주었다. 금융은 실질 경제를 야금야금 좀먹었다. 공업 생산 규모는 자금 관리 악화로 1931년 말까지 1929년의 60% 수준까지 하락했고 1933년 실업률은 25%에 달했다. 농산물 도매가격도 1929년부터 1932년에

대공황 초기 뱅크런이 있는 동안 뉴욕의 아메리칸 유니언 은행 앞에 모인 관중들

걸쳐 4분의 1 가까이 하락했다. 흔히 '뱅크런(Bank run)'이라 부르는 대규모 예금 인출 사태가 발생하며 자고 일어나면 은행이 문을 닫는 사태가 속출했다. 1929년 659개 은행이, 1930년에 1,352개, 1931년에 2,294개의 은행이 줄줄이 파산했고, 1933년에는 전체 은행의 4분의 1 이상이 파산했다. 33억 달러의 예금이 인출 불능 상태에 빠졌고, 금융 공황이 발생했다. 결국 1929년부터 1933년 사이에 9만 개의 기업과 9,000개의 은행이 파산했다. 은행의 절반이 자취를 감추었고 기업 수익은 60% 가까이 감소했다. 나쁜 일은 꼬리에 꼬리를 물고 온다고, 한번 악순환에 빠진 경제는 급속한 속도로 내리막길에 접어들었다.

대공황에 대한 대응

공화당 소속 후버 대통령은 공황을 한때 지나가는 사건으로 규정하고, 소규모 대책으로 빚을 조금씩 갚아나가는 방식으로 대처하면 위기를 극복할 수 있다고 손을 놓고 있었다. 공황의 초기 단계에서 월가는 산업계에 생산과 자금 수준 유지, 노동계에는 쟁의 자숙, 지방에는 공공사업 유지를 지시했고, 연방준비제도이사회는 두 번에 걸쳐 금리를 인하했다. 그러나 은행 구제에는 손을 쓰지 않았다.

정부는 파국이 코앞에 닥친 1931년이 되어서야 은행 구제에 부랴부랴 손을 쓰기 시작했다. 정부는 은행 간의 상호 구제 기관인 전국신용회사(NCC)를 설립했다. 1932년에는 정부가 5억 달러를 출자해 15억 달러의 채권 발행권을 가진 부흥금융공사(RFC)를 설립하여 은행에 자본 투입을 추진했다. 그러나 이미 때가 늦었다. 게다가 RFC의 늑장 대응으로 전국으로 번진 대규모 예금 인출 사태를 막지 못했다.

대책 없이 손 놓고 사태를 관망하기만 하던 공화당 소속 후버 대통령이 임기를 마치고 1933년에 민주당 소속의 루스벨트가 정권을 잡았다. 루스벨트는 취임 연설에서 탐욕스러운 월가를 비판했고, 경제 파탄에 대한 과도한 공포가 경제 활동을 주춤하게 만들어 상황을 더욱 악화시키고 있다고 강조했다.

루스벨트 대통령은 취임 100일 만에 중요 법안을 줄줄이 통과시켰고, 대담한 정책으로 국민의 답답한 가슴에 숨통을 터주려 노력했다. 경제는 사람들의 심리에 좌우되는 측면이 크다. 미국에는 상황을 타개할 변화의 바람이 절실했다.

1933년 단계에서는 은행 구제만으로 사태를 수습할 수 없는 지경에 이르러 재정 지출이 불가피해졌다. 정부의 대규모 재정 지출로 유효 수요를 창출하는 뉴딜정책이 나왔다.

루스벨트 대통령은 제1차 세계대전 당시 제정된 대적통상법(Trade With Enemy Act)에 따른 대통령 권한을 발동해 전국 은행에 대한 폐쇄를 단행했다. 그 사이에 긴급 은행 구제법을 통과시켜 정부가 은행의 안전성을 보장하고, 자산 상황이 건전한 은행부터 순차적으로 업무를 재개하도록 했다.

또 금융업계 폭주를 방지하기 위해 정부 감독도 강화해 은행업과 증권업을 분리하는 글래스-스티걸법(Glass-Steagall Act), 연방증권법, 증권거래법 등이 새롭게 제정되었다. 연방예금보험공사의 은행 예금 보호, 상업은행과 투자은행(증권회사) 분리, 증권 거래에 대한 정부의 감독 강화가 새로운 법안의 골자였다.

그 후 실업자 구제와 산업과 농업 재건을 목표로 전국산업부흥법 (NIRA), 농업조정법(AAA)을 중심으로 정부의 경제 개입, 테네시강 유역 종합 개발 같은 대규모 투자 정책이 잇따랐다.

경제 파탄이 새로운 대전으로 이어지다

제1차 세계대전 후의 세계 경제는 미국 자본과 미국 시장이 떠받쳤기에 미국 경제의 붕괴는 전 세계에 심각한 영향을 미쳤다. 1929년부터 1933년에 걸쳐 세계 무역량은 40%가 축소되었다.

미국은 국내 산업을 지키기 위해 고관세 정책을 채택했다. 영국, 프랑스는 본국과 식민지 사이의 특혜 관세 제도를 시행해 외국 제품 수입을 저지했다. 이른바 '블록 경제'다. 영국을 비롯한 각국은 금본 위제를 폐지하고 통화 절하를 단행해 무역에서 우위를 차지하려 했다. 그러자 세계 무역 규모는 놀라운 기세로 축소되었고, 전 세계로 경제 위기가 퍼져 나갔다.

세계공황으로 미국 자본이 본국으로 철수하자 독일 경제는 하루 아침에 만신창이가 되었다. 1931년에는 오스트리아 최대 은행인 크레디트-안슈탈트(Credit-Anstal) 은행이 파산했고, 은행이 줄도산했다. 독일에서는 무력한 의회, 미국 정부의 한 박자 느린 대응으로 민중 생활이 위기로 내몰렸다.

1933년, 정권을 잡은 히틀러는 민중과 국가 재난을 수습하기 위해 정부에 입법권을 부여한다는 전권위임법을 통과시키고 나치의 일당 독재 체제를 확립했다. 나치는 1933년에 국가가 직접 투자해 아우토반(고속도로) 건설, 자동차 산업 육성 등을 주도하는 정책을 내놓아 실업 문제를 해결했다. 민중의 열광적인 지지를 얻은 나치는 민족주의를 표방하며 동유럽을 독일의 세력권에 편입시키려고 군비를 확충하고 기계화 부대를 육성했다. 제1차 세계대전 후에 동유럽으로 세력을 확대한 프랑스, 영국과도 대립의 골이 깊어지며 유럽은 제2차 세계대전이라는 불구덩이 속으로 뛰어들었다.

아시아에서는 1927년 금융 공황과 금본위제를 부활시키기 위한 디플레이션 정책으로 경제 상황이 나빠진 일본이 세계공황에 타격을 받았다. 1930년에는 300만 명이 실업자 신세로 전락했고, 미국으로 향하던 견직물 수출이 부진해지며 양잠 농가가 돌이킬 수 없을 정도로 큰 충격을 받았다. 그렇게 1931년에 만주사변이 발발했다.

1935년에 중국의 국민당 정부는 영국인 재정 고문인 리스로스(Frederick William Leith-Ross)의 지도를 받아 화폐(통화) 개혁을 단행했다. 그때까지 중국에서는 통화가 통일되지 않아 은과 다양한 지폐가 유통되었기에 국민당 정부는 경제 주권을 확립하지 못했다.

정부는 은을 사들이고 나서 유일한 통화로 '법폐(法幣)'를 발행하고 기존의 지폐와 은 유통을 금지했다. 국민당 정부는 '법폐'를 파운드(나중에 달러도 추가)와 연동시켜 일본의 엔화는 입지가 좁아졌다. 일본은 '만주국'에서 화베이에 엔화 통화권을 확대할 필요성을 느꼈고, 1937년에 중일전쟁이 촉발되는 경제적 이유였다.

세계 기축통화로
자리매김한 달러

세계대전 중에도 금본위제를 유지했던 달러

세계공황은 1932년에 정점에 달했다. 유럽 각국은 통화 절하로 수출 경쟁력을 강화하기 위해 금 태환 금지를 단행했으나, 미국만 금본위제를 유지해 1934년에 그때까지 1온스 20.67달러를 1온스 35달러로 절하했다. 미국은 달러 가치를 내려 사태에 대응하는 정책을 취했다.

제2차 세계대전이 시작되자 미국에는 농산물과 무기, 탄약 대금으로 엄청난 양의 금이 유입되었다. 제2차 세계대전을 통해 미국은 유럽 각국에서 200억 달러 이상, 세계의 4분의 3 이상에 달하는 금을 모으게 되었다.

지역 화폐에 지나지 않았던 달러는 이러한 과정을 거쳐 세계에서 유일하게 금과 교환할 수 있는 통화로 살아남아 세계 기축통화라는 지위를 차지했다. 제2차 세계대전이 끝났을 때 달러 이외에 금과 교환할 수 있는 통화는 남아 있지 않았다. 달러는 전 세계에서 통용되는 '돈'으로 거듭났다.

IMF 체제와 세계를 도는 돈, 달러

제1차 세계대전을 훨씬 뛰어넘는 대규모 전쟁으로 번진 제2차 세계대전이 끝났을 때 패전국도 유럽 각국도 다 같이 폐허로 변하고 말았다. 말하자면 미국 혼자 승리한 전쟁이었다. 압도적인 군사적 우위를 자랑하는 미국은 경제 측면에서도 세계의 금 보유액의 70%를 차지했다. 미국의 지급 준비금은 세계의 절반, 영국의 13배에 달했다. 미국은 경제적 우위와 막강한 군사력을 배경으로 달러를 세계통화로 끌어올려 세계 각국에서 신임을 얻었다.

제2차 세계대전 중인 1944년, 미국의 뉴햄프셔주의 브레튼우즈에서 개최된 연합국의 통화 금융 회의에서 미국의 원조를 바탕으로 국제통화기금 협정안이 소련을 포함한 44개 참가국의 만장일치로 승인되었다. 세계통화를 새로 만들자는 영국의 주장은 받아들여지지 않았다. 세계에서 유일하게 1온스 35달러로 금과 태환할 수 있는 달러가 실질적인 세계통화로 인정받게 되었다.

IMF(국제통화기금) 협정 제4조 제1항에 따라 IMF 가맹국의 통화는 금 또는 달러로 평가를 표시하게 되었다. 달러를 중심으로 전 세계의 통화 질서가 수립되었다. 미국 주도로 세계 경제의 일원화가 추진되는 과정에서 미국의 경기 동향이 전 세계에 영향을 미치게 되었다. 달러는 '돈'으로 세계를 돌았고 지금도 세계화의 기초를 구축하고 있다.

미국은 제2차 세계대전 후 금과 교환이 보증된 달러를 전 세계에 뿌렸다. 금본위제가 달러 본위제로 변했고 달러가 금과 교환되며 세계통화는 가까스로 금과 연계점을 유지할 수 있게 되었다.

미국 1달러 지폐 뒷면의
섭리의 눈을 가진 피라미드

제6장

전자화폐·달러와
증권 버블의 대붕괴

미국은 '신자유주의'를 표방하며 금융 제국을 형성해 막대한
돈을 월가에 풀었고, 바야흐로 전 세계 규모의 거대한 금융 시
장이 탄생하려던 참이었다. 그러다 2007년에 전 세계적으로
급속하게 팽창한 증권 시장을 뒷받침하던 미국의 주택 거품이
꺼졌고 동시에 증권 거품도 붕괴해 각국 금융기관에 연쇄 반
응이 일어나며 세계 경제는 세계공황을 능가하는 금융 위기로
크게 요동쳤다.

1970년대 초반에 미국의 닉슨 대통령이 달러와 금 교환을 정지한다는 성명을 발표하며 세계의 온갖 통화가 금과 교환할 수 없는 불환지폐가 된, 이른바 닉슨 쇼크(Nixon shock)가 발생했다. 영국의 지폐(은행권)에는 그때까지 "이 은행권을 지참한 사람이 청구하면 - 파운드(금)를 지급한다고 약속한다"라고 표기되어 있었지만, 전 세계의 '돈'은 그 옛날 송과 원의 지폐처럼 정부가 가치를 보증하는 종잇조각에 지나지 않게 되었다.

세계 경제가 변동 상장제로 이행해도 세계의 생산자, 소비자, 투자가는 여전히 기축통화가 필요했고 달러의 기축통화 지위는 유지되었다. 금과 달러의 태환을 정지한 닉슨 쇼크 후에도 세계 경제는 미국의 '돈'인 달러를 중심으로 돌고 돌았다.

정보 혁명을 거친 20세기 말에 이르면 실물 '돈'은 거래에서 크게 후퇴했고, 경제는 수표, 증권, 신용카드, 현금카드 등의 전자 기술을 구사한 회계 수단으로 움직이게 되었다. 국가와 국가 간의 결제, 은행 간 결제, 회사의 결제는 기호를 주고받는 과정으로 바뀌었다. 금융기관 사이의 결제가 변모했을 뿐 아니라 개인의 생활에서도 카드와 은행 ATM 등이 '돈'의 기능을 수행하게 되었다.

금화와 은화가 지폐로 변하고, 다시 기호로 변하며 '돈'은 불가시성과 불투명성이 강화되었고, 일부 금융 전문가가 '돈'을 조작하는 시대로 접어들었다.

1970년대 이후 하이테크 혁명, 정보 혁명으로 전 세계 금융 시장이 연동되자, 몇조 달러라는 돈이 전자 통신 회로를 거쳐 빛의 속도로 지구를 누비며 세계 경제의 국제화를 한층 가속화했다. 세계적으로 돈이 남아돌자 '돈'을 불리려는 경제적 움직임이 세계사를 이끌었고, 파생 상품(derivative)이 금융기관 사이에 거래되며 미국의 투자은행과 헤지펀드로 대량의 투자 및 투기 자금이 유입되는 시스템이 형성되었다. 전 세계의 여유 자금이 리스크를 헤지(회피)하는 헤지펀드 활동과 하이 리스크 하이 리턴(High Risk High Return) 파생 상품을 환영하는 시대가 왔다.

미국은 '신자유주의'를 표방하며 금융 제국을 형성해 막대한 돈을 월가에 풀었고, 바야흐로 전 세계 규모의 거대한 금융 시장이 탄생하려던 참이었다. 그러다 2007년에 전 세계적으로 급속하게 팽창한 증권 시장을 뒷받침하던 미국의 주택 거품이 꺼졌고 동시에 증권 거품도 붕괴해 각국 금융기관에 연쇄 반응이 일어나며 세계 경제는 세계공황을 능가하는 금융 위기로 크게 요동쳤다.

카지노로 변한
세계 경제

변동 상장제 시대로

　1950년대 후반부터 미국의 국제수지 적자 확대로 각국의 달러 잔고가 증가해 달러에 대한 신임이 흔들렸다. 1958년, 1959년 2년 동안 3~4억 달러어치의 금이 미국에서 빠져나갔다. 미국이 달러를 방어하기 위해 국제 자본 거래에 제한을 설정하자, 이에 불만을 품은 런던 금융가는 유로달러 시장을 성립하여 꾸준히 성장시켰다. 여분의 달러가 유로달러가 되어 국제 금융 시장에서 대량으로 유통되자 미국의 달러 규제가 유명무실해졌다. 미국의 금 보유량은 또다시 큰 폭으로 줄어들었다.

　금의 국외 유출을 고심하던 미국은 각국 정부에 달러의 금 태환을 정지해달라고 요청했으나 효과가 나타나지 않았다. 1971년에는 달러의 절하를 예상한 통화 투기가 각지의 외환 시장을 뒤덮었다.

프랑스의 드골 대통령이 달러를 대량의 금으로 바꾸는 정책을 시행하자 더는 버틸 수 없게 된 미국의 닉슨 대통령은 1971년 8월 15일에 정식으로 달러와 금의 태환을 정지해 전 세계에 충격을 안겼다. 이른바 '닉슨 쇼크'다.

달러를 세계의 기축통화로 하던 IMF 체제가 붕괴했다. 제2차 세계대전 이후 미국이 보인 압도적인 경제적 우위가 무너져 내린 순간이다.

같은 해 말에 스미소니언 협정(Smithsonian Agreements)이 체결되며 달러의 평가가 7.66% 내려가 고정 환율제를 일시적으로 부활시켰으나, 미국의 재정 악화는 개선되지 못하고 달러 발행만 증가해 달러를 팔려는 압력은 커져만 갔다.

미국은 이러한 상황에서 버티지 못하고 백기를 들었다. 1973년 1월, 주요국은 변동 환율제(flexible exchange rate)로 이행할 수밖에 없게 되었다. 달러는 유일한 세계통화라는 자리에서 미끄러져 내려왔다. 세계 경제는 달러를 기축통화로 하던 시대에서 경제 상황에 따라 각국 통화의 가치가 매일 변동하는 '변동 환율제 시대'로 이행했다.

전 세계의 통화는 정부의 신임으로 가치가 보증되는 단순한 '종잇조각'으로 변하며 인류의 생활은 한없이 불안정해졌다. 달러가 금으로 교환할 수 있는 유일한 '돈'으로 세계 경제를 하나로 통합하던 시대는 30년을 버티지 못하고 종말을 고했다.

변동 환율제하에서 외환 시장은 달러 표시 자산, 파운드 표시 자산, 엔화 표시 자산 등이 하루 단위로 변하게 되었다. 통화 변동의 폭이 큰 데다 투기까지 겹치며 외환 시장은 매일매일 정신없이 변동했다. 통화는 투기의 대상이 되었고 전 세계적인 머니 게임이 펼쳐지는 시대로 접어들었다.

1985년 가치가 치솟은 달러를 내리기 위해 5개 선진국의 재무장관과 미 중앙은행 총재가 뉴욕에 모여 플라자 합의를 성립했다. 플라자 합의로 미국의 달러 안정책이 용인되자 이번에는 달러 가격이 바닥을 모르고 내려가기 시작했다. 일본의 엔화가 급격히 치솟는 엔고가 이 시절 나타났다.

1987년에는 파리에서 개최된 선진 7개국 재무장관 회의에서 각국의 달러 매수 개입, 금융정책 협조를 골자로 한 루브르 합의가 채택되어 환율 안정을 시도했으나 효과를 보지 못했다.

카지노로 변한 외환 시장

환율이 시시각각 변하는 변동 환율제는 정보 혁명에 따른 통신 기술혁신을 등에 업고 투기 기회를 급증시켰다. '돈'을 움직여 이익을 얻으려는 투기라는 사고방식이 일반에게까지 난무했다. 변동 환율제는 교환의 매개인 '돈'에 '투기의 대상'으로서 새로운 기능을 부여했다. 전 세계적 투기의 장이 출현했다.

과거 금융업자는 '돈'과 '돈'의 교환에서 수수료를 벌었지만, 원래 종잇조각에 지나지 않는 통화 가격이 오르내리며 '돈'의 가치를 늘리거나 줄이게 되었다.

자국 통화와 외국 통화를 직접 교환하는 시장은 '현물 시장'이고, 앞으로 통화를 교환하려고 약속하는 시장을 '선물 시장'이라 부른다. 투기를 목적으로 하는 선물 거래가 급격하게 늘어났다. 선물 시장은 앞으로의 통화 변동을 전망해 투기 기회를 확대했다. 또 추후 통화를 얼마든지 매매할 수 있는 권리(옵션) 거래도 활발하게 이루어졌다. 마침 통신 혁명이 진행되고 컴퓨터가 보급되는 시기였다. 전 세계에서 금융공학과 고등수학, 컴퓨터를 활용한 차익 거래(arbitrage)와 투기가 극성했다.

국제적 돈거래가 경제의 실세뿐 아니라 막대한 투기 자금 유입으로 결정되며 경제의 불건전성이 심화되었다. 달러 증쇄로 세계적으로 여유 자금이 넘쳐나며 카지노 자본주의에 돈을 공급했다.

이러한 경향은 주식시장, 채권시장, 상품시장에서도 마찬가지로 나타났다. 컴퓨터가 각 시장을 연계해 크로스 마켓(cross market)이 탄생했다. 각국 시장도 상호 통합되어 투기의 장이 확대되었고 선물 거래 비중이 눈에 띄게 증가했다. 세계화가 진행되는 과정에서 거대 자금이 최대 규모의 이자를 챙기는 시스템이 뉴욕의 월가를 중심으로 만들어졌다.

유로의 탄생

세계의 많은 국가가 변동 환율제로 이행해 경제가 불안정해지자 지역 통합을 추진하던 유럽 각국(EU)은 통화 통합 움직임을 강화했다. 각국의 금융 정책 자립성을 희생해 단일 통화의 편리성을 추구했다. 통화를 통일하면 통화를 거래하는 비용을 절약할 수 있고, 환율 변동을 걱정할 필요가 없어진다. 유럽 각국은 통화 안전성을 선택했다.

1유로 동전

EU는 유럽중앙은행(ECB)을 설립하고 1999년에 유로라는 단일 통화를 출범시켜 2002년부터는 영국 등을 제외하고 공통의 '돈'인 유로화를 사용하게 되었다. 적어도 유로권 내부에서는 통화 투기로 골머리를 앓지 않게 되었다.

통화 변동으로 일희일비하던 일본에서도 동아시아의 공동 통화를 모색하려는 움직임이 있지만, 국가 간 동질성이 강한 유럽과 달리 국가 규모도 경제 성장 단계도 다른 동아시아에서는 통화 통일이 쉽지 않은 과제다.

2

기호화한 돈과
금융 대국

블랙 먼데이와 신자유주의

1987년 10월 19일 홍콩, 싱가포르, 유럽의 주식시장에서 주가가 일제히 곤두박질쳤다. 뉴욕 시장에서는 매수 주문이 전혀 들어오지 않는 상태였다. 주가 하락의 원인은 크게 보면 장·단기 금리의 저하, 경영 수지 적자 폭의 확대 등 다방면에 걸쳐 있었지만, 직접적 이유는 찾아내지 못했고, 컴퓨터 프로그램 거래에 원인이 있다는 주장이 제기되었다. 기관 투자가의 프로그램이 같은 상품의 매도를 지시했다는 것이다.

이날 다우 지수의 하루 하락 폭은 22.8%에 달했고, 대공황의 계기가 되었던 1929년 10월의 '검은 목요일'에 나타난 주가 폭락의 약 2배에 달했기에 '블랙 먼데이(Black Monday)'라는 이름이 붙었다.

정보 혁명의 결과로 컴퓨터와 통신 기술이 획기적으로 발전했고, 세계의 다양한 금융 시장이 상호 연계해 하루에 몇조 달러라는 돈이 기호 처리되어 빛과 같은 속도로 지구를 누볐다. 이익을 추구하는 '돈'은 전자 기호로 바뀌어 컴퓨터와 컴퓨터 사이

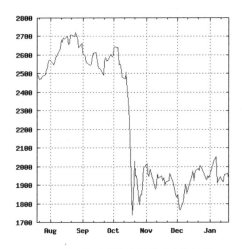

1987년 7월 19일부터 1988년 1월 19일까지의 다우존스 지수

를 숨 가쁘게 오갔다. 투기는 '돈'의 정상적인 기능을 압도하는 기능으로 자리 잡았고, 금융 변동은 연이어 실물 경제에 충격을 주게 되었다.

1981년에 미국 대통령으로 당선된 레이건은 '신자유주의'를 표방하며 규제 완화와 금융 혁신을 단행했다. 서부 개척 시대 이후의 투기적 생활, 빚을 두려워하지 않는 낭비 사회가 모습을 바꾸어 되살아났다. 레이건 대통령의 '신자유주의'는 공업 생산력의 향상이 아니라 낭비에 의존해 경제를 성장시키는 정책이었다.

달러 증쇄로 시중에 여유 자금이 돌고 금융기관에 대한 규제가 철폐되어 정부 기관의 감시가 느슨해진 틈을 타, 월가는 슬슬 본색을 드러내며 탐욕스러운 금융 활동에 시동을 걸었다. '돈'을 보충하는

다양한 증권이 고안되었다. 동시에 전 세계적인 규제 철폐로 국제 금융 시장이 창출되고, 주식시장·채권시장·상품시장 등의 크로스오버가 활발해지며 투자은행을 중심으로 월가가 최대한 돈을 벌어들이는 시스템이 급속히 형성되었다.

월가가 추구하는 세계화의 실체였다. '돈'을 조작해 최대한의 '돈'을 벌어들인다는 목표로 투기적 자본주의가 증식했다. '돈'의 성격이 완전히 달라졌고 금융계가 산업계를 훨씬 능가하는 힘을 보유한 이상한 세계가 모습을 나타냈다. 카지노 자본주의가 바야흐로 세계화의 물결을 타고 전 세계로 퍼져 나갔다.

투기적 금융 상품의 증가

과거에는 기업 성장을 위해 '돈'을 투자하는 일이 은행의 역할이었다면, 20세기 말 이후로는 은행이 단기간에 최대한의 이익을 벌어들이기 위해 기업을 이용하는 풍조가 만연해졌다.

금융계에서는 파생 상품이 주목을 받았다. 파생 상품은 은행, 증권회사 사이에서 거래되는 일종의 '돈'인데, 제약을 받지 않고 발행되어 유통되는 구조가 전 세계적으로 형성되었다. 여유 자금이 남아돌자 '돈'의 투기적 성격이 단숨에 강화되었다. 파생 상품이라는 모습을 바꾼 '돈'이 자유롭게 만들어졌다.

또 5% 정도의 증거금(warrant money, 주식 매매 시 미리 예탁하는 보증금)만 있으면 거래할 수 있는 지나치게 투기적 성격이 강한 선물 거래와

옵션 거래(특정 기초 상품을 특정 시점이나 특정 가격에 사고팔 수 있는 권리)가 이루어졌고, 새로운 금융상품들이 기존의 주식 거래 총액을 훨씬 능가했다. 시카고의 S&P 선물 거래는 뉴욕 주식시장의 주식 현물 거래를 압도하게 되었다.

정크 본드(junk bond, 쓰레기 채권, 리스크가 높은 고금리 채권)가 탄생했고 높은 금리 덕분에 시장에서는 귀한 대접을 받았다. 리스크를 헤지한다는 명목으로 여러 종류의 채권을 조합한 금융상품은, 만든 사람만 실체를 아는 증권에서도 특이한 존재였다. 말하자면 투자은행이 만들어낸 이자를 낳는 '돈'이었다.

금융기관은 이러한 금융상품으로 자금을 조달해 경영이 부진한 기업을 매수했다. 대담한 경영 개혁으로 주가를 끌어올리고 나서는 그 회사를 매각해 이익을 챙기는 M&A가 횡행했다. 오늘날의 연금술사라 할 수 있는 월가의 투자은행 등이 실질적인 '돈'을 자유롭게 만들어내 경제를 지배하는 무서운 시대가 찾아왔다. 달러의 과잉 발행으로 시중에 여유 자금이 돌며, 힘을 얻은 금융기관이 압도적인 금융력으로 실물 경제를 움직였다.

지구의 자원은 유한한데 인간의 욕망은 끝이 없었다. 지혜를 짜내면 막대한 '돈'을 손쉽게 벌 수 있다는 풍조가 온 세상에 주식 거품, 주택 거품, 개발 거품을 만들어냈다. 현대의 연금술사가 만들어낸 각종 증권은 전 세계에서 과잉 투자, 과잉 투기를 부추겨 지구 환경을 삽시간에 악화시켰다. 하지만 그 20년 동안 세계 경제는 경제 성장률 5%라는 경이로운 성장을 거두었다.

금융 대국 미국의 헤지펀드

1987년 블랙 먼데이 이후 몇몇 금융기관이 파산했는데, 미국 정부는 그 여파가 실물 경제에 미치지 않도록 금융 지원 정책을 취했고 미국은 금융 대국의 길을 여전히 내달릴 수 있었다.

1990년대에 들어서자 상장 주식이 내려가든 올라가든 이익을 계속 내는 헤지펀드의 전성기에 접어들었다. 헤지펀드는 1949년에 최초로 모습을 나타냈는데, 본질 가치보다 비싼 주식의 쇼트(매도)와 본질 가치보다 싼 주식의 롱(매수)을 조합하는 투기법으로, 시장 전체가 일정한 방향을 향해 움직이는 리스크를 헤지(회피)하는 펀드를 뜻한다.

전 세계 부유층의 막대한 자산은 '돈'의 증식을 추구하며 헤지펀드로 흘러들었다. 헤지펀드는 부유층과 기관 투자가 등 소수의 '돈'을 취급하기에 금융 당국의 감시와 규제에서 비교적 자유롭고, 자산 운용을 담당하는 펀드 매니저가 수익에 기초해 성공 보수를 가져가는 구조로 돌아간다. 그래서 많은 펀드 매니저는 수익을 극대화하기 위해 레버리지를 걸고 자금을 운용했다. 레버리지(Leverage)란, 대출로 자기 자본을 극한까지 불려 지렛대(레버) 원리로 수익 효율 극대화를 노리는 수법이다.

헤지펀드는 전 세계 시장을 연동시켜 적극적으로 투자하는데, 주식시장, 채권시장, 선물시장, 기업 매매를 연동한 뒤 공매도를 해 수익을 내는 식이다. 세계화를 '돈'을 불리는 기회로 최대한 이용하려는 시도가 곳곳에서 이루어졌다.

달러가 금과 교환되지 않아도 세계 경제는 세계통화를 필요로 했고, 전 세계의 생산자, 소비자, 투자가는 어쩔 수 없이 달러를 세계통화로 선택했다. 당장 세계통화 역할을 맡을 통화로 달러 이외의 통화를 찾아낼 수 없었기 때문이다.

미국 달러로 표시된 국채를 사들이는 형태로 거액의 돈이 미국으로 흘러들어 갔다. 그러자 심각한 쌍둥이 적자(double deficit)를 안고 아슬아슬하게 숨이 넘어가기 직전이던 미국의 대량 소비사회에 여유 자금이 들어오며 심폐소생술 역할을 했고, 여유 자금이 헤지펀드를 키웠다. 과거 상품 제조로 세계를 이끌던 미국의 산업은 공동화로 힘을 잃었고 유능한 청년들은 금융계로 흘러갔다. 청년들은 기호화된 '돈'을 조작해 막대한 부를 거머쥘 수 있는 세계에 매력을 느꼈다. 탐욕과 낭비가 건전한 노동 의욕을 후퇴시켰다. 겉만 번지르르한 가짜 번영 아래에서 미국 경제의 공동화는 지속되었다.

세계적 규모의 투자와 투기로 미국은 금융업이 GDP의 40%를 차지하는 금융 제국으로 변신했다. 그 중심에 헤지펀드와 투자은행(증권회사)이 있었다.

세계 각지에서 되풀이되는
경제 위기

21세기형 금융 위기

정보 혁명으로 컴퓨터가 보급되고 세계화가 진행되었다. 또 금융공학이 도입되어 투자 및 투기가 효율화되고, 신자유주의라는 이름으로 주요국이 금융 제도를 완화하는 행보를 보이자, 세계 경제는 눈에 띄게 불안정해졌다. 투기 목적의 '돈'이 지구를 휘감았고 경제 변동의 폭은 증폭되었다.

인류는 1929년 대공황으로 인한 고난과, 이후에 이어진 제2차 세계대전의 쓰라린 경험을 까맣게 잊었다. '카지노 경제', '노름판 경제'라는 수식어처럼, 세계적으로 판돈을 걸고 판을 키운 투자라는 명목으로 이익을 추구하는 거대한 돈의 흐름이 세계 각지의 경제에 영향을 미쳤다.

1990년대 이후, 신흥 시장에서 되풀이된 통화 위기도 투기 자금이 유발한 것이다. 1994년 말 멕시코, 1997년에서 1998년 태국, 한국 등의 아시아 각국, 1998년 러시아에 이어 이후 브라질, 터키, 아르헨티나까지, 통화 위기는 우울한 돌림노래처럼 끊이지 않고 이어졌다.

통화 위기의 기본 유형은 고도의 경제 성장을 거듭한 신흥국에 하이 리턴을 추구하는 헤지펀드 등의 돈이 대량으로 유입되며 시작한다. 개발 열풍이 일어나 수입이 증가하고, 국가 경제 수지는 적자인데 엄청난 돈이 유입되어 외환 준비액이 상승한다. 일종의 거품이다. 그런 상황에서 어떤 계기로 자금 유출이 시작되면 통화는 하락하고 통화 유출이 연속으로 일어나, 통화 가치가 대폭락한다. 투자가는 동요하고 통화 가치의 폭락을 이용한 투기 자금이 불난 집에 부채질하듯 판을 키운다.

성장 잠재력이 높은 신흥국은 신흥 시장(emerging markets)이라 부르며, 다음과 같은 특징이 있다.

① 금리가 높다.

② 주가 상승 여력이 높은 등의 이유로 하이 리스크 하이 리턴을 추구하는 투자신탁, 투자은행의 자금이 대량 유입되고 경기 흐름이 변하면 막대한 자금이 썰물처럼 한꺼번에 빠진다.

급격한 통화 하락과 경제 위축이 신흥국을 쥐락펴락했다. 경제 질서를 유지하기 위한 세계적 규모의 시스템은 부재하기에, 거액의 투기 자금이 쉽게 들어오고 쉽게 빠질 수 있어 신흥국은 심각한 충격을 입는다.

일본의 토지 거품 붕괴

1980년대 일본은 오일쇼크를 극복하고 노동 생산성, 기술력 등의 우수성으로 경제 경쟁력을 강화해, 1인당 국민 총생산(GNP)에서 미국을 앞질렀다. 일본은 세계 금융의 중심을 노리고 금융 자유화를 진행했다. 기업은 신주 인수권이 붙은 사채를 대량 발행하는 식으로 증권 시장에서 대량의 '돈'을 조달했다. 갈 곳을 잃은 자금이 토지와 건물 등 부동산 시장에 쏟아져 들어왔고, 1980년대 이후에는 부동산 가격이 고공 행진을 거듭했다.

대량의 주식을 보유하고 있던 은행은 주가 폭등과 지가 폭등으로 여유 자금이 넘쳐났고, 예금자에게 이자를 지급할 필요도 있어 느슨한 심사를 거쳐 토지를 담보로 대량의 '돈'을 대출해주었다. 일본 은행은 플라자 합의를 받아들이고 난 후에 달러화 약세를 억제한다는 목적으로 금리를 낮추며 버블을 조장했다.

당연히 한계점에 도달한 토지 가격은 하락하기 시작했다. 닛케이 평균 주가는 1989년 말 38만 8,915엔을 정점으로 하락장으로 돌아섰고, 지가도 1991년부터 하락했다. 지가와 주가의 급격한 하락은 1992년 이후 불황으로 이어졌고, 경제의 장기 침체가 계속되며 1997년 이후 은행과 증권회사가 줄도산했다.

일본 경제는 미증유의 위기에 직면했다. 국가가 금융기관에 직접 자본을 투입하고, 은행 이자의 저율 거치를 허락하는 식으로 10년의 세월에 걸쳐 가까스로 거품의 붕괴로 인한 충격에서 빠져나올 수 있었다.

일본의 거품은 토지 투기가 파국을 불러온 셈이다. 토지 투기에서 일어난 거품이 실물 경제를 크게 훼손했지만, 컴퓨터와 금융 기술을 구사한 미국의 상업은행, 투자은행, 헤지펀드가 일으킨 공황과 비교하면 고전적인 거품의 붕괴라고 할 수 있다. 한편 금리가 낮게 억제된 엔화는 투기 자금으로 헤지펀드 등에 활용되어, 금리가 저렴한 엔화를 빌려 전 세계에서 투자와 투기를 벌이는 엔화 캐리 트레이드(Carry trade)가 투기의 세계화를 촉진했다.

서브프라임 사태의 발단이 된
증권 버블 붕괴

전환기로서의 2000년과 2001년

미국에서는 정보 혁명을 이끈 IT산업에 대한 과잉 투자 거품이 빠지며 2000년 말에 IT 거품이 붕괴했다. 나스닥 시장의 주가는 고점 대비 4분의 1 수준으로 하락했다. 이러한 경제 위기 상황에서 FRB(연방준비제도이사회)의 그리스펀 의장은 급격하게 금리를 내려 공화당 소속 부시 대통령의 감세 정책에 동조했다. 6.5%의 정책 금리를 단기간에 1%까지 급격하게 인하한 것이다. 43년 만의 초저금리는 국민의 주택 구매 의욕을 자극해 공전의 주택 거품이 일어났다.

소련이 붕괴하고 중국이 자본주의화의 길을 걷는 등, 세계정세는 미국 패권 시대의 재래를 예고했다. 우물 안 개구리로 세계화를 모르고 살던 미국인들은 '강한 미국'이 돌아왔다는 착각에 빠졌다. 그러던 중 2001년 9월 11일에 공중 납치된 민간 여객기들이 뉴욕의 세계 무역 센터의 쌍둥이 빌딩에 충돌해 붕괴시키는 장면이 텔레비전 화면을 통해 전 세계로 방송되는 경악할 만한 사건이 일어났다. 이슬람 과격파인 알카에다가 인터넷으로 범행 성명을 발표하자 부시 대통령은 '테러와의 전쟁'을 선포하고, 바로 다음 달에 알카에다를 옹호하는 아프가니스탄의 탈레반 정권을 공격해 11월에 아프간 정권을 붕괴시켰다.

부시 대통령은 2002년 연두 교서에서 이란, 이라크, 북한 3국을 국제 테러 지원, 대량 파괴 무기 개발, 국내 민중 억압을 일삼는 '악의 축'으로 규정하고 반테러 전쟁의 제2 표적으로 삼는다는 성명을 발표했다. 2003년에 미국은 UN 안전보장이사회의 반대를 무릅쓰고 대량 살상 무기 제거를 구실로 영국과 함께 이라크 전쟁을 개시했다. '테러 조직 혹은 그 지원국에 대한 선제공격'이라는 명분을 내건 부시 독트린에 기초한 최초의 전쟁이었다.

화려하게 막을 올린 전쟁은 바야흐로 진흙탕에 빠졌고 미국은 큰 타격을 입게 되었다.

서브프라임 모기지론 사태

사람은 누구나 나만의 '성'을 꿈꾼다. 요컨대 '내 집 마련'은 모든 서민의 꿈이다. 이는 어느 나라나 마찬가지다. 이민을 계속 받아들인 미국은 심각한 양극화 사회다. 내 집 장만이 소원인 가난한 서민에게 43년 만의 저금리는 절호의 주택 장만 기회로 보였다. 대출(loan)을 받아 주택을 구매하는 사람들이 늘어나며 주택 건설 열풍이 일었고, 1997년부터 2006년까지 10년 사이에 주택 가격은 124%나 상승했다.

상승 곡선을 그리는 주택 가격은 빠르게 '돈'을 불리려는 욕망, 즉 투기와 결탁하게 되었다. 미국 주택대출은 '논리코스론(non-recourse loan)'이라는 집을 담보로 하는 대출로, 주택을 간단히 전매할 수 있었다. 주택은 담보로 활용되어 자동차 대출을 받거나, 주택 가격이 오르면 전매해 '갭 투자'로 돈을 벌 수도 있었다.

주택 가격이 계속 오르는 한 대출은 손쉽게 갚을 수 있었고, 거액의 시세 차익도 얻을 수 있었다. 여차하면 주택을 내놓으면 된다고 생각하는 사람도 많았다. 집은 투기의 수단으로 '돈'과 별반 다르지 않게 된 것이다.

주택을 파는 영업사원은 성공 보수제로 일해 집을 많이 팔아야 했기에, 주먹구구식으로 심사한 뒤 집을 판매했다. 채권 불이행 확률이 높은 저소득층을 대상으로 한 서브프라임 모기지론 설정이 대표적 사례다. 2004년부터 2006년까지 2년 동안에 1조 달러의 '돈'이 서브프라임 시장으로 흘러들어 왔다. 초반에는 서브프라임 론도 유망한 신주택 시장 개척 수단으로 여겨졌다.

조지 소로스는 "주택 론 수법은 사기나 다름없다. 교묘하게 일반 서민의 손이 닿을 것처럼 속여 넘기는 수작이다", "서브프라임 론 중에는 소득과 자산에 관한 증거 서류 제시도 제대로 요구하지 않은 채 돈을 빌려주는 '가짜 론'도 일반적이었고, 그중에는 무소득, 무직, 무자산의 개인에게 돈을 빌려주는 '닌자 론'까지 있었다. 대개 주택 론을 제공하는 부동산 브로커와 금융기관은 파탄 가능성을 알면서 돈을 빌려주었다"라고 말했다.

대부분의 서브프라임 론은 2년만 저금리고 이후에는 가파르게 금리가 상승하도록 설정되어 있었다. 바로 티저 론(teaser loan)이라 부르는 대출 상품이다. 냉정하게 따져볼 때 대출금이 연체되면 리스크가 커질 게 불 보듯 빤한 일인데, 돈을 빌려주는 쪽도 빌리는 쪽도 자고 일어나면 오르는 집값에 감각이 마비되고 말았다. 거품이란 그런 법이다.

서브프라임 론의 금리가 변동되는 시기가 오자 당연히 대출금 연체, 납부 불능이 빈발했다. 버틸 수 없게 된 사람들은 집을 내놓기 시작했고 2006년 6월을 정점으로 급격히 주택 가격이 하락하기 시작했다. 서브프라임 론의 파탄을 계기로 주택 거품이 붕괴했다.

거품은 초보적 경제학 교과서에도 실려 있고 누구나 아는 개념이다. 그러나 실제로는 리스크가 보이지 않게 되고 급기야 크나큰 파국을 맞이한다.

주택 가격의 급격한 하락은 부동산 대출회사의 줄도산으로 이어졌고 금융기관에도 엄청난 손실을 입혔다. IMF(국제통화기금)는 2008년 4월에 금융기관 전체의 손실액을 9,450억 달러라고 추정했다.

공전의 투기와 증권 거품의 파탄

서브프라임 모기지론 사태라는 파국을 불러온 주택 거품 붕괴를 100년에 한 번 일어날 법한 심각한 금융 위기로 이끈 주범은 따로 있었다. 고등수학과 컴퓨터로 무장하여 만든 다양한 증권에 리스크의 헤지(회피)를 구실로 주택 론 채권이 물렸던 것이다.

주택 론 채권은 대출 전문업자인 브로커의 손으로 은행에 들어가 일괄적으로 투자은행(증권회사)에 매각되었다. 투자은행은 그 채권을 MBS(부동산담보증권)로 증권화했고, 신용평가 회사에서 AAA처럼 우수한 등급을 받아 기관 투자가를 안심시키는 형태로 매각했다. 즉 '주택 론의 증권화'다.

증권화로 리스크의 판단은 기호화되었고 높은 금리를 추구하는 '증권'은 날개 돋친 듯 팔려나갔으며, 주택 가격은 한 해 10% 이상 상승했다. 대출 브로커도 투자은행도 은행도 짭짤한 이익을 챙겼다. '증권' 매수자는 우량 등급이 붙은 증권을 투자 대상으로 보았는데, 넓은 시야에서 보면 투기나 다름없었다.

증권화로 많은 수수료와 관리료를 챙긴 투자은행은 주택 론뿐 아니라 주택 론, 자동차 론, 국채, 공채 등을 조합해 나누어 CDO (Collateralized Debt Obligation, 부채 담보부 증권)라는 금융상품을 짜깁기해 해외 금융기관에 대량으로 팔아치웠다.

CDO는 다양한 채권을 조합해 리스크와 이율이 복잡하게 설계되는데, 어떤 채권이 조합되었는지는 CDO를 발행한 당사자밖에 모르는 매우 골치 아픈 상품이었다. 내용도 모르는 CDO를 세계 금융 브로커들이 매매한 데는 몇 가지 배경이 있었다.

① 전 세계적으로 시장에 여유 자금이 흘러넘쳤다.

② 신용평가 회사, 금융공학 등을 조합해 '신용'을 만들어내는 복잡한 시스템이 탄생했다.

③ 안정적인 이자를 얻을 수 있다는 믿음에 근거를 두고 있었다.

그러나 실제로는 채권이 지닌 리스크는 헤지되지 않았고 CDO는 매우 불안정한 증권으로 판명되었다.

CDO를 사들인 금융회사는 리스크 판단을 유명 신용평가 회사에 위탁했는데, 투자은행에서 보수를 받는 신용평가 회사의 평가 등급은 허술하기 짝이 없어, CDO의 80%에 최고 등급인 AAA 등급을 남발했다.

신용 창출로 엄청난 부를 거머쥘 수 있다는 사실을 알게 되자 탐욕스러운 금융업자는 당연히 과도한 리스크 테이킹(risk taking)으로 내달렸다. 증권을 조합해 새로운 증권을 만들어내는 작업이 반복되었고, 시나브로 DDD 등급의 증권이 AAA 등급으로 둔갑했다. 증권은 폭탄 돌리기 게임의 '폭탄'으로, 팔고 나면 그만이라는 무책임이 팽배했다.

그러나 미국 정부는 시장 원리에 맡긴다는 명목으로 위험천만한 금융업계의 폭주에 눈을 감았다. 금융회사도 위험한 리스크 테이킹이 금융 시스템을 심각하게 훼손할 가능성이 점점 커지는 상황을 깨닫지 못했다.

하필 세계적으로 여유 자금이 넘쳐나는 시기였다. 어떻게든 수익을 올리려고 혈안이 된 전 세계 금융기관은, 미국의 금융계를 대표하는 거대 투자은행이 발행하고 신용평가 회사가 평가를 보증하는 CDO에 불나방처럼 뛰어들었다. 투자은행은 CDO를 조합하기만 해도 액면가의 몇 퍼센트를 수수료로 챙길 수 있었고, 매년 관리료 명목으로 차곡차곡 돈이 들어왔다. 말 그대로 '땅 짚고 헤엄치는 식'으로 돈을 벌던 시절이었다.

투기를 가속시킨 CDS

미국의 투자은행에서는 경영자에서 영업사원에 이르기까지 성공 보수제로 수당을 받아간다. 큰 이익을 내면 그만큼 넉넉한 보수를 벌어갔다. 욕망에 불이 붙은 연금술사들은 전 세계에 CDO를 팔아치웠고, 레버리지를 설정해 30배, 40배라는 자금을 조달해 통화, 주식, 부동산, 상품 등의 각 시장을 연동하는 전 세계 규모의 투기에 나섰다. 단기간에 '돈'이 '돈'을 벌면 '투자'가 아니라 '투기'다.

비대해진 욕망은 인간의 상상력을 마비시켰다. 파탄의 리스크는 망각 속으로 사라졌다. 투자은행은 CDO를 조합해 둔갑시킨 여러 종류의 합성 CDO를 만들어 증권 시장의 규모를 자꾸자꾸 키워나갔다. 쉽게 말해 판돈을 불리려고 판을 키운 셈이다. 2005년 이후 증권 시장은 급격히 다양화되고 비대화되었다.

예전에는 대출과 사채 등의 대출 채권(loan claim)에서 채무 불이행이 일어났을 때 손해액을 보증하는 CDS(Credit Default Swap, 신용 부도 스와프)라는 복잡한 증권이 증권 매매 시스템에 편입되어 있었다. 처음에는 두 은행 사이에 합의라는 형식으로 CDS가 거래되었는데, 마침내 헤지펀드가 시장에 등장하자 CDS를 다양한 증권 거래로 확대했고, CDS 보험료를 벌어들이게 되었다. CDS 시장은 엄청난 이익을 벌어들였고 놀라운 속도로 팽창했다. 통상적으로 채권을 보유하려면 액면가의 10%에 달하는 자기 자금이 필요한데 CDS를 활용하면 1.5%의 자기 자금으로도 충분했다. CDS는 유망한 자금 조달 수단이 되었다.

경제는 순조롭게 순항했고, 보험금을 내지 못하게 될 사태는 오지 않으리라는 낙관적인 전망이 시장을 지배했다. 낙관론을 믿는다면 CDS 인수는 말 그대로 '호박이 넝쿨째 굴러 들어오는' 상황이었다. CDS는 수상쩍은 CDO 등도 보험의 대상으로 삼게 되었다.

급격하게 팽창한 CDS 계약 잔고는 약 62조 달러 이상으로 집계되어, 세계 주식시장 규모인 60조 달러와 맞먹는 수준으로 체급이 커져 있었다. 헤지펀드 파탄으로 CDS 시장이 붕괴할지 모른다는 위기의식이, 전 세계적으로 금융기관 기능을 마비시키는 중요한 요인으로 작용했다. 세계 최대의 보험회사인 AIG는 막대한 CDS 지급 때문에 파국을 맞이했다. 경영진의 탐욕이 만들어낸 거대한 CDS 시장의 존재는 세계 금융 시장을 짓누르는 부담이 되었다.

'자유롭게 돈을 벌게 하라'는 사고방식이 불러온 파국

'돈'은 경제를 움직이고 사회생활을 유지하기 위한 혈액과 같다. 은행 등의 금융기관의 최대 임무는 혈액에 이상이 생기지 않도록 방어해 실물 경제를 뒷받침하는 일이다. 그래서 미국의 상업은행은 FRB(연방준비제도이사회)의 감독을 받고 비은행권 투자은행(증권회사)도 SEC(증권거래위원회)의 감독을 받는다.

그런데 규제를 철폐하고 시장을 중시하는 신자유주의를 표방한 공화당 정권은 투기로 한탕을 꿈꾸는 상업은행·투자은행·헤지펀드 등의 활동을 방임에 가까운 상태로 내버려 두었고, 금융기관은 본분을 잊고 변절했다. GDP의 40%를 금융업에 의존하는 미국의 현실이 이러한 현실을 만들었을 수도 있다.

국가 규제를 받지 않고 '돈'을 움직여 최대한의 수익을 내는 새로운 구조가 만들어졌다. 산업은행은 FRB의 감시를 받지 않는 구조화된 투자 전문회사(structured investment vehicle)를 설립해 자산을 운용하게 되었고, 공공연하게 각종 파생 상품을 자유롭게 판매하였다.

투자은행도 헤지펀드 같은 펀드를 이용해 본업 이외의 증권 거래에 뛰어들었다. 구조화된 투자 전문회사와 헤지펀드는 연결 대상에서 제외되었고, 실태 파악이 이루어지지 않은 채 수면 아래에 숨어 있었다. 이러한 기관은 레버리지(지렛대의 원리) 등으로 엄청난 액수의 투기 자금을 조달했고, 전 세계적으로 투기와 투자, 기업 매수 등을 전개했다. 영국 등의 유럽 금융기관도 이에 동조했다.

월가는 규제 완화 바람을 타고 전 세계의 시장 개방과 일체화를 추진했고, 주식시장과 채권시장, 상품시장 등을 상호 연결해 다양한 시장에 선물 거래를 침투시켰다. 세계적으로 최대한 많은 돈을 벌려는 구조가 만들어졌고 모두가 돈벌이에 눈이 멀었다. 그러나 세계 금융 질서를 안정시키기 위한 시스템을 형성해야 한다는 주장은 무시되었다.

2008년에 미국의 주택 거품, 증권 거품이 붕괴하는 과정에서 미국의 5대 투자은행이 도산했고, 시티은행 등의 거대 은행도 방만한 경영으로 파탄에 이르렀다. 보험회사가 흔들렸고 석유, 곡물 가격이 폭등과 급락을 반복했으며 전 세계적으로 금융거래가 마비되었다. 중국, 인도 등 브릭스(BRICs, 경제 성장이 빠른 브라질, 러시아, 인도, 중국, 남아프리카)의 주가 급락, 신흥국 통화 폭락, 제트코스터처럼 주가가 오르내리는 어처구니없는 사태가 전 세계에서 일어나, 전 세계 동시 불황이 현실화되었다.

전자화한 '돈'은 복잡성과 불투명성을 강화해 지구를 도는 기호화한 돈으로, 매머드처럼 덩치를 불려갔다. 세계적으로 시장에 여유 자금이 흘러들어 와 투자·투기의 비대화, 난개발로 인한 지구 환경 악화, 세계적인 경제·사회 격차 확대와 같은 심각한 문제가 산더미처럼 쌓인 와중에, 이제 시야를 넓혀 이상적인 '돈'의 모습을 냉정하게 생각해야 할 시기가 왔다. 지금 우리 시대는 '돈'의 정리, 단순화가 필요하다.

[참고문헌]

『개설 미국 경제』(槪說アメリカ経済, 平井規之 外, 有斐閣, 1994)

『경영사』(経営史, 安部悦生, 日本経済新聞出版社, 2010)

『금융 투기의 역사』, 강남규 옮김, 국일증권경제연구소 (*Devil Take the Hindmost: A History of Financial Speculation*, Edward Chancellor, 2001)

『금의 힘: 집착의 역사』(*The Power of Gold: The History of an Obsession*, Peter L. Bernstein, Wiley, 2004)

『남미 포토시 광산』(南米ポトシ銀山, 青木康征, 中央公論新社, 2000)

『달러의 역사』(ドルの歴史, 牧野純夫, 日本放送出版協会, 1964)

『도설 은행의 역사』(図説 銀行の歴史, Edwin Green, 原書房, 1994)

『돈(골드)이 이야기하는 20세기』(金(ゴールド)が語る20世紀, 鯖田豊之, 中央公論新社, 1999)

『돈: 어디에서 와서 어디로 가는가』(*Money: Whence It Came, Where It Went*, John Kenneth Galbraith, Princeton University Press, 1975)

『돈: 역사』(*Money: A History*, Jonathan Williams et al., Palgrave Macmillan, 1998)

『돈의 잡학독본』(金の雑学読本, 崎川範行, 講談社, 1986)

『롬바드가: 금융 시장에 대한 설명』(*Lombard Street: A Description of the Money Market*, Walter Bagehot, Henry S. King & Co., 1873)

『모든 경제는 버블로 통한다』(すべての経済はバブルに通じる, 小幡績, 光文社, 2008)

『문명의 '혈액' - 화폐로 보는 세계사』(文明の「血液」一貨幣から見た世界史, 湯浅赳男, 新評論, 1988)

『미국 현대사』(アメリカ現代史, 長沼秀世·新川健三郎, 岩波書店, 1991)

『미국의 경제정책 - 강력함은 지속될 수 있을까』(アメリカの経済政策一強さは持続できるのか, 中尾
武彦, 中央公論新社, 2008)

『미들랜드: 150년 은행의 역사』(*Midland: 150 Years of Banking History*, A. R. Holmes·Edwin
Green, Batsford Ltd, 1677)

『빌 피치의 금』(*Bill Peach's Gold*, William Peach, Australian Broadcasting Commission, 1983)

『서브프라임 문제란 무엇인가 - 미국 제국의 종말』(サブプライム問題とは何か一アメリカ帝国の終
焉, 春山昇華, 宝島社, 2007)

『세계 금융 위기』(世界金融危機, 金子勝·Andrew DeWit, 岩波書店, 2008)

『신용카드 산업: 역사』(*Credit Card Industry: A History*, Lewis Mandell, Twayne Pub, 1990)

『엔의 사회사 - 화폐가 이야기하는 근대』(円の社会史一貨幣が語る近代, 三上隆三, 1989)

『욕망'과 자본주의 - 끝이 없는 확장의 논리』(「欲望」と資本主義一終りなき拡張の論理, 佐伯啓思,
講談社, 1993)

『위안화·달러·엔화』(人民元·ドル·円, 田村秀男, 岩波書店, 2004)

『위조지폐의 세계사』(贋札の世界史, 植村峻, NHK出版, 2004)

『이슬람 네트워크』(イスラム·ネットワ, 宮崎正勝, 講談社, 1994)

『일본 경제를 뒤덮은 exotic 금융 위기』(日本経済を襲うエキゾチック金融危機, 草野豊己, 毎日新聞出版, 2008)

『캘리포니아의 황금 - 골드러시 이야기』(カリフォルニアの黄金—ゴールドラッシュ物語, 越智道雄, 朝日新聞社, 1990)

『화폐 시스템의 세계사』(貨幣システムの世界史, 黒田明伸, 岩波書店, 2003)

『화폐와 세계 시스템』(貨幣と世界システム—周辺部の貨幣史, 本山美彦, 三嶺書房, 1986)

부의 지도를 바꾼
돈의 세계사

초판 1쇄 인쇄 2020년 7월 27일
초판 1쇄 발행 2020년 7월 31일

저자 미야자키 마사카츠
역자 서수지

펴낸이 이효원
편집인 고준
디자인 쑨
펴낸곳 탐나는책
출판등록 2015년 10월 12일 제 2015-000025호
주소 서울특별시 금천구 디지털로9길 68 대륭포스트타워5차 1606호
전화 070-8279-7311 **팩스** 032-232-0834
전자우편 tcbook@naver.com

ISBN 979-11-89550-23-3 (03900)

이 도서의 국립중앙도서관 출판시도서목록(CIP)은
서지정보유통지원시스템 홈페이지(http://seoji.nl.go.kr)와
국가자료공동목록시스템(http://www.nl.go.kr/kolisnet)에서 이용하실 수 있습니다.
CIP제어번호: 2020027066